教養の鍛錬

日本の名著を読みなおす

二郎
Ishii Yojiro

a pilot of wisdom

目次

第3章　生と性の青春論

――倉田百三『愛と認識との出発』を読む

はじめに

時代の必読書

老若男女を問わず、人生について思い悩んだことのない人はいないだろう。そんなとき、人はどうするか。

家族や友人に打ち明けて相談するというのは、最も普通のやり方かもしれない。だが、相手が身近な人間であればあるほど、本当のことはなかなか話せないものだ。悩みが深刻であればなおのこと、自分ひとりで抱え込んでしまうことが多いのではなかろうか。

そんなとき、書物に手がかりを求める人は少なくあるまい。何でもいいから目についた本を手に取って、わかってもわからなくてもとにかく読んでみる。すぐに答えが見つかるとは限らない。いや、おそらく何冊読んでも答えが見つからないケースが大半だろう。けれどもたまたま出会ったわずかな言葉をきっかけに、それまで靄《もや》がかかったように見通しがきかなかった風景がぱっと晴れ渡り、進むべき方向が見えてくることもある。

当然ながら書物との相性は人それぞれであって、ある人にとっては目から鱗《うろこ》が落ちるような思いのする本であっても、別の人にとっては何の興味も引き起こさないことはじゅうぶんありうることだ。しかしそれでも時代を超えて多くの読者に読み継がれ、悩みの解消に直接結びつかないまでも、多かれ少なかれ影響を与えてきた書物というものは確かに存在する。そして人はそれらを「古典」と呼び、共通の必読書として世代から世代へと受け渡してきた。

ところで私が大学に入学したのはすでに半世紀以上前の一九七〇年だが、当時の記憶をたどってみると、いわゆる古典とは違った意味で、多少なりとも知的関心のある者なら読んでおくべき「時代の必読書」なるものがあった。私の頭にすぐ思い浮かぶのは、日本のものでは丸山眞男《まさお》の『日本の思想』や吉本隆明《たかあき》の『共同幻想論』、外国のものではニーチェの『ツァラトゥストラ』やサルトルの『実存主義とは何か』などだが、もちろん人によって記憶に残っている本は異なるだろうし、身を置いている環境が異なったり少し時代がずれたりすれば、たぶんまったく違った著者や著作が挙げられるだろう。

しかし多少の幅はあるにせよ、当時は若い世代の指針となるべき必読書の見取り図のようなものがある程度共有されていた。それは時代精神を濃厚に反映しながらも、けっして一時的な流行として片付けるわけにはいかない一群の書物が描き出す「知の星座」のようなものである。未熟な青年にありがちな教養スノビズムにどっぷり浸っていた私は、豊富な読書量を誇る周囲の友人たちに後れをとりたくない一心で、この星座の中を無我夢中であてもなく泳ぎ回っていた。今にして思えばいかにも幼稚な振舞いではあったが、半世紀もの歳月を経てみれば、その幼稚さもむしろ愛すべきものとしてなつかしく思い出される。

「経験」としての教養書

けれどもその後、半世紀以上の時を経て、インターネットが急速に普及し、紙の書物以外のメディアが主流となった現在、そのような星座はもはや存在しないかのようだ。私自身が大学の教室で接してきた限りの実感では、そもそも日常的に本を読む習慣のない学生が確実に増えているし、たとえ読んでいたとしてもその中身はばらばらであり、いわゆる「教養」としての必読書リストを思い浮かべることはほとんど不可能である。

その一方で、教養の必要性は昨今、しばしば強調されるようになっている。大学では一九九一年の設置基準大綱化によって全国の教養部が次々に解体され、このままでは総合的・俯瞰《ふかん》的な観点から知の全体像を把握することのできる学生が育たなくなるのではないかという危機感が次第に広まってきた。この流れを受けて、二十一世紀に入ると教養への関心がふたたび高まってきたわけだが、近年はこの言葉が良くも悪くも流布しすぎたためか、とかく表層的・皮相的なレベルで用いられがちなきらいがある。「理系の人間にもある程度哲学的な教養は必要である」とか「歴史に関する教養がないと外国の企業エリートと話ができない」といったせりふはしばしば耳にするが、正直なところ、こうした物言いにはどこか胡散臭《うさんくさ》さがつきまとう。

試しに「教養」（あるいは「リベラルアーツ」）というキーワードに「哲学」、「歴史」といった項目を加えてネット検索してみると、似たようなコンセプトで書かれたと思《おぼ》しき書籍のタイトルが次々にヒットする。これは十年ばかり前から顕著に見られる現象のようだが、主として「有用な知識」や「大人の常識」を提供することを目指しているかに見えるこれらの書物は、確かに即時的・便宜的に役立つというメリットはあるにしても、本来の教養のコンセプトからはかなり遠いような印象をまぬがれない。

では、そもそも教養とは何であろうか。もちろん百人百様の考え方がありうるだろうが、私はそれを、尽きることのない思考への欲望として定義したいと思う。幅広く豊かな知識を獲得し蓄積するに越したことはないが、それ自体はけっして教養の本質ではない。それよりも、何か情報を得たいとか具体的なノウハウを身につけたいという実利目的はいったん捨てて、ただひたすらにものを考えようとする無償の情熱こそが教養なのだと、私は思う。パスカルは人間を「考える葦《あし》」になぞらえた『パンセ』の有名な断章で「私たちの尊厳の根拠はすべて考えることのうちにある」（パスカル『パンセ』上、塩川徹也訳、岩波文庫、二〇一五年）と述べているが、これはそのまま「教養」という言葉の定義として読めるのではなかろうか。

したがって私にとっての教養書とは、雑多な知識を明快に整理してわかりやすく提示してくれる書物ではない。そうではなく、読み進めているうちに読者を純粋な思考の歓《よろこ》びへといざない、いつのまにか体ごと別の次元へと浮揚させてくれるような書物、言葉を換えていえば、それ自体がひとつの純粋で濃密な「経験」であるような書物、そうした書物のことを、私は教養書と呼びたいと思う。

本書の構成

こうした視点から、本書ではいささかアナクロニズムと見えるかもしれないことを承知の上で、日本語で書かれた何冊かの教養書を読みなおすことを試みてみたい。それらの書物が、ある時代の悩める若者たちに強く訴えかけ、少なからぬインパクトを与えてきたのはいったいなぜなのか。その理由を探る作業を通して、今日における教養のあるべき姿を逆に照らし出し浮かび上がらせること、そして可能であれば読者が「尽きることのない思考への欲望」を駆動させるきっかけとなることが、本書の狙いである。したがって、読者はいわば思考のトレーニングをするつもりでこの本を読んでいただければと思う。「鍛錬」だからといって、別に身構えることはないし、準備運動もいっさいする必要はない。私と一緒に、普段あまり使わない頭の筋肉を動かす快感を味わっていただければ、それでじゅうぶんである。

時代は明治末期から太平洋戦争前まで、とりあげる著者と著作は以下の通りである（刊行年順）。

1 西田幾多郎《きたろう》（一八七〇―一九四五）『善の研究』（一九一一年）
2 阿部　次郎（一八八三―一九五九）『合本　三太郎の日記』（一九一八年）
3 倉田　百三《ひゃくぞう》（一八九一―一九四三）『愛と認識との出発』（一九二一年）
4 九鬼《くき》　周造（一八八八―一九四一）『「いき」の構造』（一九三〇年）
5 和辻《わつじ》　哲郎（一八八九―一九六〇）『風土』（一九三五年）
6 吉野源三郎（一八九九―一九八一）『君たちはどう生きるか』（一九三七年）

これらはいずれも一世紀以上、あるいは一世紀近く前に書かれたものであり、世代的にいえば私の親が十代後半から二十代前半であった一九三〇年代から四〇年代に広く読まれていた書物である。その意味ではすでに「古典」と呼ばれるにふさわしい位置を占めていると思われるが、現代の若者たちはおそらく（『君たちはどう生きるか』を別にすれば）ほとんど読んだことがないであろうし、もしかすると著者の名前も知らないかもしれない。かく言う私自身、一応すべて大学時代に目を通しはしたものの、恥ずかしながらじゅうぶんに咀嚼《そしやく》できないまま何十年も書架に放置してきたものが半数以上を占めている。

だが、あらためて読み返してみると、これらの著者たちが例外なく正面から「生」の諸問題に向き合い、懸命に格闘し、自らの思考の軌跡をそれぞれのスタイルで言語化していたことがよくわかる。その一行一行からほとばしる真摯な情熱とエネルギーに触れてみれば、いずれの書物もまさに「経験」としての教養書と呼ばれるにふさわしいものであり、かつて青春の必読書とされていたことにはやはりそれなりの理由があったということが実感されるであろう。

ただし一見してわかるように、ここに挙げたのはすべて男性の著者によって書かれたものばかりである。与謝野晶子《よさのあきこ》（一八七八―一九四二）や平塚らいてう（一八八六―一九七一）は彼らとほぼ同世代であるが、彼女たちの著作はやはり「女性」という属性に結びつけて読まれることが多く、そうした側面を切り離した普遍的な書物として受け入れられてはこなかった。またこれらの書物の読者層についても、おそらく男性のほうが圧倒的多数を占めてきたのではあるまいか。つまり「教養」という概念自体が歴史的にジェンダーバイアスを内包してきたことは否定できないのであって、この事実は最初に確認しておかねばならない。ただしこの問題についてはまた別の考察が必要であろう。

以下で扱う著作については、すでにおびただしい解説書や研究書が書かれている。本書の執筆にあたっても参照した文献は少なくないが、どうしても必要な場合を除いて、それらに言及することは基本的に控えたい。紙幅の問題はもちろんあるが、それよりも、いっさいの先入観に囚《とら》われずにテクストそのものと虚心坦懐《たんかい》に向き合い、無垢《むく》な読者としてそこに書き連ねられている言葉と直《じか》に対話することが重要だと思うからである。

また、本書でとりあげる書物を未読の読者も少なくないと思われるので、それぞれの内容紹介にはある程度のスペースを割いたが、不要と判断される場合には適宜読み飛ばしていただいてかまわない。なお、特に断りのない限り、引用文中の傍点による強調はすべて原文どおりであり、必要と思われる箇所にはふりがなを付した。

第1章　「純粋経験」の熱気を受けとめる

——西田幾多郎『善の研究』を読む

この本はむずかしいのか?

日本人によって書かれた最初の本格的な哲学書と言われる『善の研究』は、もともと西田幾多郎が三十代に勤務していた金沢の旧制第四高等学校での講義草案であった。しかし数ページ読んでみれば明らかなように、文章は晦渋《かいじゅう》そのもので非常に手ごわい。講義を受けた学生たちはほとんど理解できなかったそうだが、無理もない話である。また、名著との評判を聞いて読み始めてはみたものの、途中で挫折してしまった人も多いのではなかろうか。

私自身、大学入学後に初めて通読したが、そのときはまったく歯が立たなかったことを告白せざるをえない。その後は、折に触れて断片的に参照することはあっても、全体をきちんと読み返す機会はないまま今日を迎えてしまったというのが、正直なところである。

じっさい、これは一読了解というわけにはいかない書物である。だが、けっして難攻不落というわけではない。著者の用語法は確かに難解であり、時に混乱していて一貫性を欠くように思われる箇所も見られないではないが、全体の主張は音楽作品と同じく、いくつかのテーマの反復変奏にすぎないとも言える。主要なキーワードを押さえてじっくり読み進めさえすれば、言わんとするところはおのずと輪郭を明らかにしてくるはずだ。

だからひとつひとつの音符に注意を奪われすぎて、肝心の主旋律を聞き逃さないようにしよう。確かにこの本はむずかしい。しかし重要なのはあくまでも、西田幾多郎がこの本にこめた熱気を体全体で受けとめることである。もちろんそれには読み手の側に相応の忍耐力と持続力が求められるが、その労さえ厭《いと》わなければ、ある段階で必ず視界が開けてくるにちがいない。

この本が刊行されたのは一九一一年（明治四十四年）一月で、西田は当時四十歳、前年八月に京都帝国大学の助教授に任ぜられて半年もたたない頃であった。しかしこのときはほとんど注目されず、ようやく人々の目にとまることになったのは十年後、一九二一年（大正十年）の再刊時である。

その後は戦前・戦後を通して何度か版をあらため、次第に広く読まれるようになった。以下で扱う他の著者たちも、ほとんど例外なく若き日に『善の研究』に出会い、自らの思想形成にあたって大きな影響を受けている。その意味で、本書はまさに日本の教養書の原点とも言うべき書物である。

全体はそれぞれ独立して発表された四編の論文（「第一編　純粋経験」、「第二編　実在」、「第三編　善」、そして「第四編　宗教」）から構成されているが、「序」に目を通してみると、「この書は第二編第三編が先ず出来て、第一編第四編という順序に後から附加したものである」とあり、続けて「第一編は余の思想の根柢である純粋経験の性質を明《あきらか》にしたものであるが、初めて読む人はこれを略する方がよい」と書かれている。著者自身がこう言っているのであれば、第一編は飛ばして第二編から読み始めるべきだろうか、あるいは素直に最初から読み進めるべきだろうか——読者はまずこうした選択を迫られることになるのだが、本書がこの形で差し出されている以上、私はそのまま第一編から順番通りに読むことにしたい。

「序」にはまた、「この書を特に「善の研究」と名づけた訳は、哲学的研究がその前半を占め居るにも拘《かかわ》らず、人生の問題が中心であり、終結であると考えた故である」とも書かれている。ちなみに本書は当初、『純粋経験と実在』というタイトルで構想されていたが、出版社の意向もあって改題されたという経緯がある。著者本人はこの変更に必ずしも満足してはいなかったようだが、もとの題名のままではあまりにも生硬な印象を与えてしまい、本来の執筆意図が伝わりにくいという判断に従ったのだろう。

確かに哲学的研究というのは一般に、人生の現実からは完全に遊離した抽象的な問題を論じるもの、というイメージがある。しかし著者は、この本の前半がそうした議論に充てられていることを認めながらも、中心的課題はあくまで「人生の問題」であると最初に明言しているのである。この言葉は『善の研究』という書物の基本的な性格を示す重いものであり、以下の記述にあたっても常に念頭に置いておきたいと思う。

純粋経験とは何か

では、さっそく本論を読んでみよう。第一編は「純粋経験」と題されていて、四つの章から構成されている。この概念がアメリカの哲学者、ウィリアム・ジェームズの pure experience から想を得ていることはよく知られているが、それはそれとして、同じく「純粋経験」というタイトルをもつ第一章の冒頭部分は、次の通りである。

経験するというのは事実其儘《そのまま》に知るの意である。全く自己の細工を棄てて、事実に従うて知るのである。純粋というのは、普通に経験といって居る者もその実は何らかの思想を交えて居るから、毫《ごう》も思慮分別を加えない、真に経験其儘の状態をいうのである。〔……〕それで純粋経験は直接経験と同一である。自己の意識状態を直下《じか》に経験した時、未だ主もなく客もない、知識とその対象とが全く合一して居る。これが経験の最醇《さいじゅん》なる者である。〔引用者注：西田の文章では人間でないものを指す場合でも「者」という字が充てられている〕

なんとも不愛想で不親切な書き出しである。なぜ「経験」を問題にするのかの前置きもなしでいきなりこの調子なのだから、さすがに面食らってしまう。だが、落ち着いて読めばそれほどむずかしいことを言っているわけではない。そして第一編全体で展開される著者の主張は、この冒頭の一節にほぼ凝縮されている。絵画を例にとって少し敷衍《ふえん》してみよう。

私たちがある絵を見るとき、その経験にはさまざまな夾雑物《きょうざつぶつ》が紛れ込んでいるのが普通である。たとえばルーヴル美術館を訪れて、『モナリザ』の前に立ったとしよう。まだ美術の知識をもたない子どもは別として、私たちの大半はそれがレオナルド・ダ・ヴィンチというイタリアのルネサンスを代表する巨匠の作品であることをすでに知っており、無数に存在する複製や写真を何度となく目にしてきた状態でそれを見る。つまり私たちの目は初めからそうした知識の濁りや記憶の澱《よど》みによって汚染されているのであり、いっさいの不純物を除去した無垢なまなざしで対象を見ることはできない。だから絵画そのものを純粋に経験するのではなく、「ああ、これがあの『モナリザ』なのだ」と確認することしかできないのである。

では、まったく無名な画家の、これまで一度も目にしたことのない作品であれば、私たちはいっさいの先入主抜きで対象そのものに向き合うことができるのだから、これを純粋経験と呼ぶことができるのだろうか。確かに『モナリザ』を前にしたときと比較すれば、経験の純度はそれだけ高くなると言えるかもしれない。

　しかし西田の言う純粋経験は、それとはまったく異なる事態を指している。というのも、それは「毫も思慮分別を加えない」段階、すなわち（先の引用の中略箇所に書かれているのだが）「この色、この音は何であるという判断すら加わらない前」のことであるからだ。つまり彼が問題にしているのは経験のあり方そのものなのであって、経験の純度ではないのである。

　だから対象が誰もが知っている著名な画家の有名な作品であるか、誰も知らない無名な画家の未知の作品であるかということは、じつのところいっさい関係がない。そうではなくて、私たちが普通に絵を見るときは、それを見ている私がこちらにあり、見られている絵があちらにあるというように、両者が必然的に切り離されてしまうということが問題なのだ。このとき私は見る主体としてすでにそこにあるので、それ自体が「事実其儘に知る」ことを妨げる「自己の細工」となり、夾雑物のひとつにほかならないことになる。

　西田が純粋経験と言っているのは、そうした夾雑物がいっさい介入しない状態、私が「私」として定立される以前の境位なのであり、そこでは主体と客体とが完全に一致している。先の引用にあった「知識とその対象とが全く合一して居る」という一文も、同じ意味に解することができよう。このように、『善の研究』は終始一貫して主客二元論の超克という論理に支えられているということを、まずは押さえておきたい。

純粋経験の延長線上にあるもの

第一編は以下、第二章「思惟《しい》」、第三章「意志」、第四章「知的直観」と続くが、述べられているのはけっきょくのところ、これらの要素がすべて純粋経験と異なるものではないということである。各章のエッセンスを抽出しながら、おおよその内容を見ていこう。

まずは「思惟」(第二章)から。この言葉はもともと仏教用語で、心を集中させてよくものを考えることを意味するから、意識的かつ能動的になされる営みとして定義される。ところが私たちはたいてい、何か考えるべきことがまずあって、それから「さあ、考えよう」と思って思考するのではない。思考の対象が意識化されている時点で、すでに思考は始まっている。じっさい、気がついたらいつのまにかものを考えているというのが、私たちが抱く普通の実感だろう。西田流に言えば、思惟は考える主体と考えられる対象が未分化の状態で、ほとんど無意識のうちに始動する。ゆえに「思惟の作用も純粋経験の一種」であり、「純粋経験は直に思惟であるといってもよい」。

この章の最後には「個人あって経験あるのではなく、経験あって個人あるのである」という有名な一文があるが、その意味も以上の趣旨を踏まえてみれば無理なく理解できるだろう。はじめに個人としての思惟する主体が存在し、その個人が何かを経験するのではない。個人が思惟する主体として定立される前に、まずできごととしての経験が生起し、その経験が個人を個人としてあらしめ、思惟することを可能にするのである。

次の「意志」（第三章）で問題になっているのは、知（知識）と意（意志）との関係である。通常の理解では、知識とは対象を客観的に把握することであるから主観よりも客観を優先し、意志とは対象を主観的な目的とすることであるから客観よりも主観を優先する。しかしこうした区別はあくまでも主観と客観とが分離されている状態を前提としたものであり、主客の分離以前の状態においては両者のあいだに差異はない。というわけで、ここでも純粋経験という概念を梃子《てこ》として、客観的な「知」と主観的な「意」の二元論的対立が止揚されている。

続けて「知的直観」（第四章）を見てみよう。本来は論理的（西田の言葉でいえば「弁証的」）に知るべきことがらを、美術家や宗教家のように直接的につかみ取ること、すなわち論理を介さずにそのままの状態で把握することが、ここで言う「知的直観」である。ゆえに、それは（「知的」という形容詞はやや誤解を与えかねないが）主客が分離する以前の統一状態において作用するという意味で「純粋経験における統一作用其者」にほかならない。そして著者は「思惟の根柢に知的直観がある様に、意志の根柢にも知的直観がある」と言う。つまりものを考えること（思惟）も何かをしようとすること（意志）も、つまるところは私たちの深いところにある知的直観によるということだ。

さらにこの章の最後の部分には、宗教を知的直観の一種として定義した箇所がある。

真の宗教的覚悟とは思惟に基づける抽象的知識でもない、また単に盲目的感情でもない、知識および意志の根柢に横《よこた》われる深遠なる統一を自得するのである、即ち一種の知的直観である、深き生命の捕捉である。

西田の宗教観を示す一節だが、特に「深遠なる統一」とか「深き生命の捕捉」といったフレーズは、純粋経験の延長線上にある知的直観の本質を言い表したものである。人が何らかの宗教を信じるのは、じっくり思考した末にそうするのではないが、さりとてよく考えずに一時的な感情に流されてそうするのでもない。そのどちらでもなく、私たちの深いところにある統一状態を知的直観によってとらえることで、人は宗教を信じるのであるということだろう。

疑いえない「直接の知識」

続いて第二編「実在」へと読み進もう。「序」に述べられていたように、『善の研究』の中ではこの第二編が最初に書かれた。そして著者自身はこれを、「余の哲学的思想を述べたものでこの書の骨子というべきものである」と位置づけている。つまり、本書の中心的な考察はここに集約されているというわけだ。

全体は十章から成っているが、ここでは順を追って検討するのではなく、押さえるべき三つのポイントを抜き出してみたい。

まず一つ目のポイントは、次の一節である。

> 今もし真の実在を理解し、天地人生の真面目《しんめんもく》を知ろうと思うたならば、疑いうるだけ疑って、凡《すべ》ての人工的仮定を去り、疑うにももはや疑い様のない、直接の知識を本《もと》として出立せねばならぬ。（第一章「考究の出立点」）

なんだかどこかで読んだことのあるような文章ではないか？　そう、デカルトの有名な「方法的懐疑」である。

ほんの少しでも疑いをかけうるものは全部、絶対的に誤りとして廃棄すべきであり、その後で、わたしの信念のなかにまったく疑いえない何かが残るかどうかを見きわめねばならない、と〔わたしは〕考えた。

（デカルト『方法序説』第四部、谷川多佳子訳、岩波文庫、一九九七年）

確かによく似ている。一見したところ、ほとんど同じことを述べているように見えなくもない。だが、両者のあいだには根本的な違いがある。

デカルトは懐疑から出発し、感覚、推論、思考などの要素をひとつひとつ検討してすべて「偽」であるとした後、そうして疑っている自分の存在だけは疑いえないとして、例の「われ思う、ゆえにわれ在り」という認識に行き着いた。これは懐疑の主体としての「われ」を定立しているという意味で、典型的な主客二元論の考え方である。

これにたいして、西田が最終的に「疑うにももはや疑い様のない」ものとしているのは、デカルトのような「われ」の存在ではなく、あくまでも「直接の知識」である。先の引用の少し後で、彼は「デカートが余は考う故に余在りというのは已《すで》に直接経験の事実ではなく、已に余ありということを推理して居る」と書いているが、これはデカルトの二元論的な立場を明確に否定する言葉にほかならない。ここに両者の決定的な違いがある。

ここで西田が「直接の知識」あるいは「直接経験の事実」と言っているものは、先に見た「純粋経験」と同義であると考えて差支《さしつか》えない。そして彼はこれをさらに、「意識現象」とも言い換えている。この言い換えはややわかりにくいが、要は私たちの心の深奥でいっさいの思考や判断をまじえずに経験される事実それ自体、というほどの意味で了解しておけばいいだろう。

ただし、西田が「デカートの「余は考う故に余在り」は推理ではなく、実在と思惟との合一せる直覚的確実《ママ》をいい現わしたものとすれば、余の出立点と同一になる」と補足していることも付言しておかねばなるまい。デカルトが「われ思う」（思惟）、ゆえに「われ在り」（実在）と段階を追って推論しているのではなく、「われ思う」（思惟）、すなわち「われ在り」（実在）である、つまり両者は同一の事態であるという事実を直接経験しているのであれば、自分の見解と一致するということである。

個人的なものと普遍的なもの

第二編の二つ目のポイントは、次の一節に読み取ることができる。

情意が全く個人的であるというのは誤である。我々の情意は互に相通じ相感ずることができる。即ち超個人的要素を含んで居るのである。（第三章「実在の真景」）

ここで「情意」とは、わかりやすくいえば喜怒哀楽などの感情を指す。それは普通、客観的な知識と違って私たちの内面で起こる主観的・個人的なできごとであり、他者とは共有されえない精神現象であると理解されている。しかし西田によれば「人が情意を有するのでなく、情意が個人を作る」——この言い方は第一編第二章の「個人あって経験あるのではなく、経験あって個人あるのである」という一文と呼応している——のであり、喜びも悲しみも直接的に（意志の介入する余地なく）経験されるという点では誰もが同じであるから、そこには個人を超えた普遍性への契機が含まれている。

このことは、次の一節においてさらに明確に述べられている。

理は何人が考えても同一である様に、我々の意識の根柢には普遍的なる者がある。我々はこれに由りて互に相理会《りかい》し相交通することができる。啻《ただ》にいわゆる普遍的理性が一般人心の根柢に通ずるばかりでなく、或る一社会に生れたる人はいかに独創に富むにせよ、皆その特殊なる社会精神の支配を受けざる者はない、各個人の精神は皆この社会精神の一細胞にすぎないのである。
（第六章「唯一実在」）

ここで言う「普遍的理性」とは地域や時代を超えてすべての人間に共通の条理であり、「社会精神」とはある特定の社会に属するすべての人間に共通の心性を意味するから、後者はいわば前者の個別的・特殊的な表れである。しばしば話題になる「国民性」という概念（日本人は同調圧力に弱いとか、フランス人は自己主張が強いとか）などは、その典型と言えるだろう。

この通り、西田の議論は必然的に、個人の範疇《はんちゅう》を超えて普遍の概念へと接続していく。なぜなら主体と客体が未分化な純粋経験の地平においては「私」と「あなた」も当然未分化であるから、両者の（という言い方もすでに正確を欠くわけだが）意識はおのずと普遍的な統一状態の中で溶け合い、自由に行き交うからである。

この「統一」という概念はすでに何度か出てきていたが、特に第二編の後半では重要なキーワードとして前面に浮上してくる。絶対的な差異と思われているものもじつは相対的な差異（程度の差）にすぎず、一見したところ矛盾や対立と見えることがらもけっきょくのところ大いなる統一から派生し分化した結果であって、要は同一の実在の両面にほかならないというのが、繰り返し変奏される西田哲学固有の命題である。

神は無限の喜悦である

第二編の三つ目のポイントは、宇宙と神に関わっている。「実在としての神」と題された最終章において、著者は「宇宙にはただ一つの実在のみ存在するのである」という一文に続けて次のように言う。

而《しか》してこの唯一実在はかつていった様に、一方においては無限の対立衝突であると共に、一方においては無限の統一である、一言にて云えば独立自全なる無限の活動である。この無限なる活動の根本をば我々はこれを神と名づけるのである。神とは決してこの実在の外に超越せる者ではない、実在の根柢が直《ただち》に神である、主観客観の区別を没し、精神と自然とを合一した者が神である。（第十章「実在としての神」）

ここで言う「神」は、もちろん特定の宗教を念頭に置いたものではない。これは西田の実在論を突き詰めた極限に立ち現れてくる、純粋に哲学的な概念である。宇宙における唯一の実在は「独立自全なる無限の活動」であり、人間はその根本を「神」と名付けた。つまり「神」という概念はあくまでも「実在」という概念から論理的に導き出されるものであるから、定義からして超越的存在ではありえない。

こうした前提のもとに、著者はこれまで試みられてきたさまざまな「神の存在証明」を検証する（このあたりの議論はカントなどを踏まえている）。世界は無からは生じないのだから、何者かが世界を創ったはずであり、その創造主が神であるという説（宇宙論的証明）。世界が一定の目的に向かって組織されている以上、何者かがそうした組織を与えたはずであり、その付与者が神であるという説（目的論的証明）。人間には道徳があり良心がそなわっているのだから、それを根拠づけ維持する主導者としての神の存在を認めなければならないという説（道徳論的証明）。――しかし西田によれば「これらの説はすべて神を間接に外より証明せんとするので、神其者《そのもの》を自己の直接経験において直にこれを証明したのではない」。

では、神の存在はどのようにして証明されうるのか。著者は時間的・空間的に局限された小さな存在である私たちの内にも「無限なる実在の統一力」が宿っており、それゆえに私たちは宇宙の真理を探求したり芸術を創造したりできるのであるという事実から出発して、次のように結論づける。

我々は自己の心底において宇宙を構成する実在の根本を知ることができる、即ち神の面目を捕捉することができる。人心の無限に自在なる活動は直に神其者を証明するのである。

（同前）

要するに、神の存在根拠は私たち自身の中にあるのだから、これを外界の事実から間接的に証明しようとしても無理である、それは自分の心の「無限に自在なる活動」において直接証明されるものである、というわけだ。

そして著者はさらに、こうして析出されてくる神の観念はけっして単なる「冷静なる哲学上の存在」ではなく、「我々の暖き情意の活動」に深く結びついていると言う。なぜなら「我々の欲望は大なる統一を求むるより起るので、この統一が達せられた時が喜悦である」からである。

ここに、これまでの堅苦しい記述とはいささか異質な印象を与える「暖き情意」とか「喜悦」といった語彙が現れていることに注目しよう。こうした箇所を読むと、私は西田哲学の根底にひそむ熱い情念のほとばしりに触れた思いがして、素直に感動せずにはいられない。
そしてさらに感動的なのは、それが個人の「自愛」を超えて「一層大なる統一」へ、すなわち普遍的な「他愛」へと拡大していく可能性に著者が言及していることである。

我々の大なる自己は他人と自己とを包含したものであるから、他人に同情を表わし他人と自己との一致統一を求むる様になる。我々の他愛とはかくの如くして起ってくる超個人的統一の要求である。故に我々は他愛において、自愛におけるよりも一層大なる平安と喜悦とを感ずるのである。而して宇宙の統一なる神は実にかかる統一的活動の根本である。我々の愛の根本、喜びの根本である。神は無限の愛、無限の喜悦、平安である。（同前）

宗教的高揚感にあふれたこの文章は、その趣旨に賛同できるかどうかは別として、謹厳で一徹な哲人という西田幾多郎のイメージが急に熱く溶けてページからあふれ出してくるような一節である。『善の研究』に感銘を受けた昔の若者たちも、ほとんど音楽的な律動を見せるこうした文章の迫力に圧倒されたのではあるまいか。

「善」はいかにして定義されるか

さて、ここまで読んできた限りでは、なぜ本書が『善の研究』と題されているのか相変わらず判然としないという印象をもった読者も多いだろう。しかし第三編はまさに「善」というタイトルを冠していて、ここに本題が述べられていることを予感させる。全体は十三章構成で、分量的にもこの編が最長である。

第一章から第四章までは、第三編の議論の基礎となる概念（行為、目的、意志、動機、欲求、決意、自由、等々）の定義と基本的な方向性の検証に充てられていて、いわば予備的作業の段階にあたる。「善」の問題が本格的に論じられるのは第五章以降なので、以下、私なりに咀嚼しながらその内容を追ってみよう。

第五章「倫理学の諸説　その一」の冒頭では、「如何なる行為が善であって、如何なる行為が悪であるか」という価値判断の基準を扱ってきた旧来の倫理学説が、他律的倫理学説、自律的倫理学説、直覚説の三つに大きく分類されている。そしてこの章ではまず、三つ目の直覚説が検討対象となる。

私たちの行動を律する道徳的価値は理屈抜きに直接感得されるものであって、わざわざ説明すべき性格のものではないというのが、直覚説の立場である。しかし私たちはしばしば善悪の判断に迷うし、その判断も他人のそれと食い違うだけでなく、自分の中でも時間の経過とともに変化することがあるのだから、個別的な局面において明確な基準があるとは言えない。また、たとえば忠孝とか正義といった道徳観念についても定義は人によってまちまちなので、一般的なレベルでも自明の原則を見出《みいだ》すことは不可能である。したがって、善悪の基準を説明する学説として直覚説を採ることはできない。

第六章「倫理学の諸説　その二」で検証に付されるのは、他律的倫理学である。これは何か絶大な権力の命じるところに従って善悪が決定されるという立場で、権力の源泉によって「神権的権力説」と「君権的権力説」に分類できる。前者は言うまでもなく神意がいっさいの善悪を決定するという立場、後者は（ホッブズの言うように）弱肉強食の自然状態がもたらす不幸を回避するために、すべての権力を君主に委ねてその命令に服従する立場であるが、これらはいずれも「ただ権威であるからこれに従う」というだけのことにすぎず、私たちがなぜ善をなさねばならないのかという道徳原則の説明にはなっていない。よって、これも採ることはできない。

第七章「倫理学の諸説　その三」以降は、自律的倫理学が検討対象となる。著者はこれを合理説（または主知説）、快楽説、活動説の三つに分類した上で、この章ではまず合理説を俎上《そじょう》にのせる。

合理説とは、道徳上の善悪と知識上の真偽は対応しているので、真相を知ればおのずと何をすべきかも明らかになるとする立場である。だが、私たちの行為を律する道徳なるものは、真理を探求する合理的な推論によって把握できるものではない。「汝の隣人を愛せよ」とか「己の欲せざる所人に施す勿《なか》れ」といった教えが善として認知されるのは、主知的・論理的判断によってではなく、あくまでも感情や欲求といったレベルでの価値判断によってである。ゆえに、この説も善の説明原理としては説得力をもたない。

第八章「倫理学の諸説　その四」では、続いて快楽説が検討される。人間が快いことを求め不快なことは回避しようとするのは自然なことであるから、これを基準として快＝善、不快＝悪という判断が下されるというのがその趣旨で、これはさらに利己的快楽説と公衆的快楽説に分けられる。前者は自己の快楽をあらゆる行為の根拠とし、他人のために何かをする場合でもその目的は自分の悦《よろこ》びにあるとする。いっぽう後者は快楽を善とする点では前者と同じだが、公衆の快楽を至上の価値とする点でこれと区別される。

だが、ひとことで快楽といっても、肉体的快楽もあれば精神的快楽もあり、一種類しか存在しないわけではないので、単に数量的な大小でその優劣を比較したり決定したりすることはできない。また、人間は時に、自分にとっては苦痛（不快）であっても愛する者のためなら犠牲的行為を厭わないことがあるが、これは先天的な欲求や衝動に属する「他愛の本能」によるものであって、けっして自己の快楽を目的とした行為とは言えない。つまり、快楽説はつまるところ、善悪の基準を苦楽の感情のみに置いている点に限界があり、道徳的な善の行為を根拠づけるにはじゅうぶんでないことになる。

活動説による「善」の定義

こうして伝統的な倫理学の諸説をひとつひとつ子細に検証した結果、西田が最終的に行き着くのが活動説である。第九章「善（活動説）」ではまず、善悪の価値判断の基準は意識の外ではなく、それ自体の内に求められるべきであるという、自律的倫理学の原則が確認される。そしてその後、意志活動の根底には先天的要求（理想）があり、それが目的として観念され、それによって意識の統一が完成されたとき（すなわち理想が実現されたとき）、満足の感情が生じて、その行為が善とされるという倫理観が提示される。したがって善とは「我々の内面的要求即ち理想の実現、換言すれば意志の発展完成」なのであり、これが活動説の要諦である。

ここから西田は、次のように論を進める。

意志の発展完成は直に自己の発展完成となるので、善とは自己の発展完成self-realizationであるということができる。即ち我々の精神が種々の能力を発展し円満なる発達を遂《と》げるのが最上の善である（アリストテレースのいわゆるEntelechieが善である）。竹は竹、松は松と各自その天賦を充分に発揮するように、人間が人間の天性自然を発揮するのが人間の善である。

self-realizationは通常「自己実現」と訳される言葉であるから、これは私たちにも理解しやすい話であろう。すべての萌芽《ほうが》は自己の内部にもともと宿っており、これを十全に発展完成させ理想通りに実現することこそが善であるというわけだ。

確かに私たちは誰もが「かくありたい自分」というものをもっていて、多かれ少なかれそれを開花させることを目的として生きている。だから「人間が人間の天性自然を発揮するのが人間の善である」という言葉を見ると単純に勇気づけられるし、無条件の自己肯定感を抱くこともできる。ここで言及されているアリストテレスのentelechie（エンテレキー）とは、潜在的な可能態 dynamis（デュナミス）が現実態 energeia（エネルゲイア）として完全に実現された「完成態」を意味する哲学用語であるから、まさにこうした事情を表すのにぴったりの言葉ということになる。

こうして西田哲学における「善」の定義がようやく示されるのだが、彼はさらに、それが理想通りに実現された本性を指すことから「美」の概念と近接すること、そして自己の真なる姿が完成された状態であることから「実在」の概念とも一致するとしている。この観点からすれば、いわゆる「真・善・美」は本質的に同一のものとして把握できると言えるだろう。

深遠なる統一力としての「人格」

ただし、私たちの意識や要求はすべて他者との関係において成り立つものであるから、個人レベルでの善がそのまま社会的なレベルでの善となるわけではない。となると当然、多様な要求がある中でどれを優先すべきか、という問題が生じる。だから私たちは自分の中にあるさまざまな要求を調整し、それらのあいだで釣り合いをとりながら、他者との調和を図らなければならない。したがって第十章「人格的善」では、「善とは先ず種々なる活動の一致調和或いは中庸ということとならねばならぬ。我々の良心とは調和統一の意識作用ということとなる」とされている。

ここで調和とか中庸といった語彙で表されているのは、単に数量的な意味ではなく、精神そのものの体系的な秩序のことである。じっさい、人間は動物のように本能（肉体的欲望）だけで動いているわけではなく、必ず観念（精神的欲望）によっても動いている。この観念活動こそが精神を体系的に秩序立てるものであり、そこから生じる要求に従うことがすなわち真の善である。そして「観念活動の根本的法則とは如何なる者であるかといえば、即ち理性の法則ということとなる」と著者は言う。

理性の法則に従うとは、もろもろの意識活動を統合する「深遠なる統一力」に従うことにほかならない。西田はこの統一力に「人格」という名を与え、「善は斯の如き人格即ち統一力の維持発展にある」と結論づける。人格という言葉は、通常は人柄とか人間性といった意味で用いられるが、ここでは唯一の実在から直に湧き出て種々の意識活動を統一する力、といったニュアンスで用いられている。

第十章で導入されたこの概念は、続く第十一章「善行為の動機（善の形式）」においても何度となく繰り返される。「人格の実現というのが我々に取りて絶対的善である」とか、「善行為とは凡《すべ》て人格を目的とした行為である」といった具合だ。

ここで重要なのは、それが純粋経験の状態においてのみ自覚できるものであり、心の奥底から必然的に出てくる内面的要求の声にほかならないということである。ゆえにその声に従った行為だけが、真の善行であると言える。

ただし自分の内面的要求に従うということは、けっして他者を自己に従属させるということではない。むしろ「自己の満足を得た上は他人に満足を与えたい」と願うのが、本来の人格の命じるところである。つまり自己の主観的要求を満足させることは、同時に客観的理想を実現することでもあり、「この点より見て善行為は必ず愛であるということができる。愛というのは凡て自他一致の感情である。主客合一の感情である」。

自己への愛はそれだけで完結するのではなく、他者をも包含したより大きな「超個人的統一」へと拡大することで無限の喜悦に達するという「他愛の本能」の定義が、ここでも別の形で確認されていることがわかるだろう。愛とはすべて「自他一致の感情」であり、「主客合一の感情」なのだ。このように、西田は鍵となるいくつかの概念を変奏しながら自らの「善」概念を構築していくのである。

真の自己を知ること

以上で善行為の動機を解明したとする西田は、続く第十二章「善行為の目的（善の内容）」ではタイトルの通り、その目的を検討する。第一に挙げられるべきは個人性の実現であり、これは他の善の基礎ともなる重要な要素である。しかし人間は社会的動物であるから、第二に他者（家族、国家、人類全体）への愛という目的も同時に果たされなければならない——というわけで、この章の内容はほとんどすでに記述されてきたことの繰り返しである。

第三編の最終章である第十三章「完全なる善行」は、これまで展開されてきた議論のまとめになっている。ここで著者はまず、「内に大なる満足を与うる者が必ずまた事実においても大なる善と称すべき者であろうか」という問いを立てているのだが、この問いは「主観的な善はそのまま客観的な善と一致するか」と言い換えられるであろう。そしてこれまでの西田の記述を追ってきた私たちには、答えはほぼ予想がつく。

余は先《ま》ずかつて述べた実在の論より推論して、この両見解は決して相矛盾衝突することがないと断言する。元来現象に内外の区別はない、主観的意識というも客観的実在界というも、同一の現象を異なった方面より見たので、具体的にはただ一つの事実があるだけである。

もちろん、主観的な善と客観的な善が齟齬《そご》をきたすことがないではない。行為の動機が不純であっても良い結果が得られることもあれば、動機が純粋であっても良からぬ結果がもたらされることはありうるからだ。しかし前者のケースは道徳的観点から見れば善行とは言えないし、後者のケースはそれが個人の真摯な内面的要求（西田はこれを「至誠」と呼んでいる）に発する行為でありさえすれば善行と呼べることになる。

著者は第三編を閉じるにあたって、次のように述べている。

善を学問的に説明すれば色々の説明はできるが、実地上真の善とはただ一つあるのみである、即ち真の自己を知るというに尽きて居る。我々の真の自己は宇宙の本体である、真の自己を知れば啻に人類一般の善と合するばかりでなく、宇宙の本体と融合し神意と冥合《めいごう》するのである。宗教も道徳も実にここに尽きて居る。

「真の自己を知る」ことから出発して、人類一般から宇宙へ、そしてさらには神へと探求の射程を壮大に伸ばしていくこの一節に、「善」の本質をめぐって彫琢《ちょうたく》されてきた西田の宗教観・道徳観は凝縮されている。

宇宙的統一としての神

ところで第二編も第三編も、最後は神への言及によって締めくくられていた。この一事をとってみても、宗教にたいする西田の関心の強さは疑う余地がない。じっさい本書の最後に置かれた第四編は、まさに「宗教」と題されている。彼にとっては、哲学的思索の出発点も終着点も、ともに宗教であったと言っても過言ではない。

第一章「宗教的要求」は、「宗教的要求は自己に対する要求である、自己の生命についての要求である」という一文から始まっているが、第三編までを読んできた私たちにしてみれば、これは必然的に導き出される定義であろう。著者によれば「真正の宗教は自己の変換、生命の革新を求める」のであり、今あるがままの自己に拘泥している限りは真の宗教心とは言えない。

私たちはしばしば現世的なご利益《りやく》を求めたり精神的な安寧を願ったりして神にすがろうとするが（困ったときの神頼み）、それは宗教を目的としてではなく手段として扱うことであり、けっきょくは自己の欲望の範疇にとどまった行為である。

　続く第二章「宗教の本質」では、神と人とのあいだには同一性がなければならないという視点が提示される。神は超越的存在として外部から人間に働きかけるとする立場（有神論）と、神は人間に内在していて内部から働きかけるとする立場（汎神論）がありうるが、前者は私たちの理性と衝突するし、後者は神の超越性と抵触する。私たちが神を敬愛するのはあくまでも神と同一の精神的根底を有するからであり、さらにいえば神と同一体であるからである。つまり神は私たちの外部にあるのでも内部にあるのでもなく、私たちの存在そのものであるということだ。「最深の宗教は神人同体の上に成立することができ、宗教の真意はこの神人合一の意義を獲得するにあるのである」。

　第三章「神」では、神と宇宙との関係が論じられる。科学の対象である自然と、哲学の対象である精神は、本来無関係であるように思われがちであるが、じつは両者は大いなる唯一の力によって統一されているのであり、「この統一が即ち神である」。この視点からすれば、自然と精神は二種の異なる実在なのではなく、同じひとつの実在の二側面にすぎない。そして神はこうした実在の統一者であるから、「神は宇宙の統一者であり宇宙は神の表現である」。

　第四章「神と世界」でも、基本的には同じことが語られている。「神がなければ世界はないように、世界がなければ神もない」、「神は即ち世界、世界は即ち神である」といったフレーズは、ここまでの文脈に置いてみれば難なく納得できるだろう。むしろこの章で注目したいのは、「罪」（あるいは「悪」）に関する次のような言及である。

罪を知らざる者は真に神の愛を知ることはできない。不満なく苦悩なき者は深き精神的趣味を解することはできぬ。罪悪、不満、苦悩は我々人間が精神的向上の要件である、されば真の宗教家はこれらの者において神の矛盾を見ずしてかえって深き神の恩寵を感ずるのである。

「善」について語ってきた西田が、反対概念である「悪」についても語るのは当然の流れだろう。彼によれば「悪は宇宙を構成する一要素」なのであり、その存在は世界を不完全にするどころか、逆に豊かで深いものにする。西田哲学においてはこのように、悪もまた善と表裏一体をなすものとして、主客合一の宇宙的統一の中に組み込まれているのである。

知ることと愛すること

さて、『善の研究』を読む作業も終わりに近づいた。第四編の最後に置かれた第五章「知と愛」は、章の冒頭に断り書きがあるように、もともとこの書の続きとして書かれたものではないが、内容的連関ゆえにここに収められた文章である。

主題はタイトルにある通り「知」と「愛」の関係であるが、述べられていることは基本的にこれまでの議論と変わるところがない。すなわち、両者は普通、まったく相反する精神作用であると考えられているけれども、実際は「主客合一」という点で同一の作用であるということである。

「知」が主客合一であると言えるのは、私たちが主観的な思い込みや臆断を排して客観的な知識と一致したとき、初めて物の真相に到達することができるからである。また、「愛」が主客合一であると言えるのは、以下のような理由による。

我々が物を愛するというのは、自己をすてて他に一致するの謂《いい》である。自他合一、その間一点の間隙なくして始めて真の愛情が起るのである。我々が花を愛するのは自分が花と一致するのである。月を愛するのは月に一致するのである。

これ以上の説明は必要あるまい。ここから「知は愛、愛は知である」という、いかにも西田らしい認識が導き出される。そしてこの命題が真であるならば、神を知るすべは客観的な対象として神を知ることではなく、ただ直接の純粋経験として神を愛し、これと合体すること以外にない。

『善の研究』の掉尾《ちょうび》を飾る言葉は「我は神を知らず我ただ神を愛すまたはこれを信ずという者は、最も能く神を知り居る者である」というものだが、これは理性に立脚した「知」と感情から湧き出る「愛」が、神との同一化によって完全に一致するということを端的に言い表している。ここでもやはり、二元論超克の図式がぶれない軸として貫かれているわけだ。そしてけっきょくのところ、著者がこの本で伝えたかったことの精髄はここに尽きると思う。

『善の研究』には西田幾多郎の生活者としての側面はほとんどと言っていいほど投影されていないが、彼は十三歳のときに敬愛する四つ年上の姉をチフスで喪《うしな》い、日露戦争では弟を、そして本書のもとになる論文を執筆中であった一九〇七年には五歳の次女と生まれたばかりの五女を相次いで亡くすなど、度重なる肉親の死に直面して人生の悲哀をいやというほど味わう経験をしている。もちろんこの本を読むにあたって実生活上のできごとを踏まえておく必要はまったくないが、息苦しいまでに密度の高い文章からたちのぼる情念や熱気は、まぎれもなく数々の悲しみをくぐり抜けてきた人間・西田幾多郎の肉体から発散するものであって、これを文字通り「純粋経験」として全身で受けとめることが何よりも重要であることを、最後にもう一度強調しておきたい。

西田幾多郎『善の研究』岩波文庫、一九五〇年、二〇一二年改版

第2章　「人らしい人」へ至る道

——阿部次郎『三太郎の日記』を読む

大正教養主義の代表作

阿部次郎が折に触れて新聞や雑誌に寄稿していたエッセイを集めて一九一四年（大正三年）四月に東雲堂から刊行された『三太郎の日記』は、発売直後から予想外のベストセラーになった。阿部と旧制第一高等学校の寮で同室だった岩波茂雄は、この売れ行きを見て好機を逃すまいと考え、翌年に続編となる『三太郎の日記　第二』を創業まもない自分の書店（岩波書店）から出版、さらに『三太郎の日記　第三』を加えた『合本　三太郎の日記』を一九一八年に刊行した。これとともに、最初の『三太郎の日記』は『三太郎の日記　第一』と改題され、以後は三冊分を合わせた合本全体を『三太郎の日記』とするのが慣わしになっている（以下、それぞれを便宜的に「第一」、「第二」、「第三」と呼ぶことにする）。

「第一」が出たときの「自序」には、「この書に集めた数十編の文章は明治四十一年から大正三年正月に至るまで、およそ六年間にわたる自分の内面生活の最も直接な記録である」とあるので、執筆開始時期は西暦でいえば一九〇八年、著者が二十五歳を迎えた年であることがわかる。そして合本が出版されたのは著者が三十五歳になる少し前であったから、全体はほぼ十年間にわたって書き継がれたことになる。

『善の研究』ほど哲学的・抽象的な語彙が頻出するわけではないものの、阿部次郎の文章は内容的にも文体的にも密度が高く、古めかしい表現も頻出するので、現代の読者にとってはけっして読みやすいものではない。また三冊分を合わせれば分量もかなり多くなるので、全体をきちんと通読するにはかなりの覚悟と根気が求められるだろう。

しかしタイトルが示している通り、これはひとつのテーマをめぐるまとまった論考ではなく、折々に書かれた文章を集めたものであるから、最初から順を追って読まなくてもかまわないし、すべての章に網羅的に目を通す必要もない。また、しばしば大正教養主義の代表的著作として引き合いに出されるせいか、あるいは著者に貼られた「人格主義」というレッテルのゆえか、教訓めいた話や堅苦しい理屈が詰まっているのではないかと身構えてしまう人も多いかもしれないが、実際に読んでみると、この本はおよそ大上段に振りかぶった押しつけがましい説教書などではなく、きわめて率直で人間臭い告白に満ちた、いわば等身大の読み物である。だから読者は気軽な散歩をするつもりで、目にとまったフレーズを拾い上げながら味わえばそれでいい。

以下では私も自分の個人的な関心に触れた箇所を随時抜き出しながら、自由に論じていきたいと思う。具体的には、恋愛、生と死、芸術創造、神、社会と世界、民族と人類、師弟関係などのテーマを順にとりあげていく。これらは一見するとばらばらの話題であるように見えるかもしれないが、いずれも阿部が自分の内面を凝視しながら同時に他者の存在への回路を開いていく思考のプロセスを物語っているという点で、まちがいなく一本の糸で縫い合わされている。

三重の偽名

本題に入る前にまず確認しておかなければならないのは、この本の書き手は誰かという問題である。というのも、合本の「序」には「三太郎の日記は三太郎の日記であってそのままに阿部次郎の日記ではない」と記されているからだ。そして「断片」と題された巻頭の文章の冒頭には確かに青田三太郎という固有名詞が三人称で登場しており、「第一」の断章五「さまざまのおもい」には「親がつけてくれた名前の三太郎」といった言葉も見える。ところが「影の人」と題された「第二」の断章十二には、いささか唐突に次のような一節が現れるのだ。

俺はここに一生の秘密を書きつける。俺の名は実は青田三太郎というのではない。俺の親たちは俺に瀬川菊之丞《せがわきくのじょう》という美しい名前をつけてくれたのだ。しかしだんだん成長するに従ってこの美しい名前は俺のお荷物になってきた。俺はこのクラシカルな美しい名前をまもるために手も足も出ない達磨《だるま》大師になってしまった。

瀬川菊之丞というのは、江戸歌舞伎の女形が名乗ってきた大名跡である。五代目が一八三二年に亡くなった後は後継ぎが不在になっていたので、当時はこの名を冠する役者はいなかった。著者が何を思ってこの固有名詞をもちだしたのかは不明だが、菊之丞は論理学の成績が抜群の優等生という設定で、いわゆる「いい子」の典型として振舞ってきたため、その枠に合わせることが苦しくなった語り手が神に「転身《メタモルフォーゼ》の秘跡」を願い出て、自ら青田三太郎と改名したのだという。

だが、それだけではない。瀬川菊之丞という立派な名前の呪縛から解放されて少しばかり自由になった青田三太郎は、さらにもっと気紛《きまぐ》れに振舞うことを欲するようになり、今度は「阿呆の三五郎」と改名することを夢想するのである。この三五郎はいっさいの束縛を逃れ、「三太郎の影として三太郎のなしえざるところをなし、発表しえざるところを発表し、経験しえざるところを経験する」人格である。そして続く断章十三は「三五郎の詩」と題されていて、森の中に住んでいた三五郎が市内の電車に乗ったときに書きつけたという詩編にまるごと充てられているのだ。

つまり阿部次郎はまず青田三太郎という偽名に自分を仮託し、その三太郎が今度は秀才の瀬川菊之丞と阿呆の三五郎という二つの人格に分裂するという、なんともややこしい構図になっているのである。また、そう思って日記を読み返してみると、一人称代名詞も「俺」、「余」、「自分」、「吾人」、「僕」、「私」などが入れ代わり立ち代わり現れていて、一定しない。

これは語り手のアイデンティティの不確かさを強調するための意図的な戦略なのだろうか。しかし概観した限りでは必ずしもそれほど意識的な使い分けがなされているようにも思われないので、以下では語る主体の同一性にはあまりこだわらずにテクストを読み進めていくことにする。

「不在の半身」を求めて

「第一」は全部で二十の断章から成っている。ここではまず、若い読者にとって無関心ではいられない恋愛に関する記述を見てみよう。

断章五「さまざまのおもい」には、次のような一節がある。

僕といえどももとより本当に愛してくれる女がほしい。しかし僕はそれよりも先に、自ら本当の男であり、人間でありたい。僕の根本要求がここにあるがゆえに、僕は男を嫌い、人間を嫌うのである。問題は他人にあらずして自己にある、女にあらずして男にある。本当に男となり人間となるにあらざれば、たとい真正に愛してくれる人があっても、僕にはその愛を甘受し、味解する資格がない。

女性に愛されるにはまず「本当の男であり、人間であ」ることが前提条件であり、それが叶《かな》わなければそもそも恋愛する資格がないというこの言葉には、自分の未熟さにたいするどうしようもない苛立《いらだ》ちと、一人前の男であらねばならぬという過剰なまでの自意識が現れている。これはおそらく多くの男性が青春時代に抱く共通の悩みであって、こうした箇所が当時の青年層の琴線に触れたのであろう。

実生活での阿部は、十九歳の年に従妹《いとこ》である堀九重と婚約しているのだが、九重は五歳下の十四歳で、まだ子どもと言ってもいい年齢であった。今日では考えられないほどの若さである。しかし彼女はやがて次郎の弟である三也《さんや》と親しくなり、次郎が二年後に東京帝国大学に入学してまもなく、この婚約は解消されてしまう（九重はのちに三也と結婚し、三也は堀家の養子となる）。

阿部はその後、友人である宿南《しゆくなみ》昌吉（京都帝国大学医科大学卒業後、大学病院助手時代に病死）の妹八重との実らぬ恋を経て、一九〇八年末頃に竹沢恒《つね》という二歳近く年上の女性と知り合った。恒は既婚者で、すでに二人の子持ちであったが、夫は清国に渡って別居中であり、翌年一月には正式に離婚が成立する。そして四年後の一九一三年一月には阿部と恒のあいだに女児（長女の和子）が生まれ、翌年二月、最初の『三太郎の日記』が刊行される二か月前に、二人は正式に結婚した。

こうした伝記的事実を頭に置いてさらに日記を読み進めていくと、断章十二「影の人」には「人間の恋愛はわかたれたる半身を求むるの憧憬である。男が女を求め、女が男を慕うはすなわち前生に「男女」であったものである。女が女を、男が男を求めるのはすなわち前生に「女」または「男」であった者の半身である」という文章が現れる。これはプラトンの『饗《きよう》宴《えん》』に読まれるアリストファネスの有名な演説の内容を写し取ったものであるが、三太郎は自分がこのような半身に出会う可能性について、次のような不安と懐疑の念を告白してこの断章を終えている。

しかしもしこの半身がどこにも存在しなかったなら……。もし常に新鮮なる恋愛の恍惚境《ヴァイィエ》におらんがためには、永遠に恋人から恋人に移らなければならないものとしたら……。もし次から次に別れを告げることが虚偽を許さざる両性生活の形式であるとしたなら……。もし無限の彷徨が本来の面目であるとしたなら……。

この文章の日付は大正元年（一九一二年）十二月であるから、竹沢恒はちょうど阿部の子どもを妊娠中だったことになる。となれば、阿部はすでに彼女との結婚の意思を固めていたと思われるが、にもかかわらず、この物言いには不穏な気配が漂ってはいまいか。なにしろ語り手は「常に新鮮なる恋愛の恍惚境」にあることを望むがゆえに、生涯の伴侶となるべき特定の恋人をついに見出すことができぬまま、次々に別れを繰り返すことを予感しているかのように見えるのだから。

ところでちょうどこの時期、阿部は六歳年下で新婚まもない和辻哲郎と親交を深め、その家を足繁《あししげ》く訪れるようになった。この関係は阿部の結婚をはさんで十数年にわたって続くことになるが、やがて和辻の妻である照《てる》と彼のあいだに微妙な感情が萌《きざ》す気配が見られ、和辻は二人の関係を疑い始める。そしてついに一九二七年八月、和辻の不在時に阿部が照に接吻《せっぷん》を迫って拒否されるという事件があり、相互の敬意と信頼で結ばれていた二人の著述家はこれを境に絶交状態となった。

阿部はこのとき四十代も半ばを迎え、すでに妻とのあいだに二男三女（ただし長男は四歳で死去）をもうけていたのだが、照への感情はけっして一時の浮気心といったレベルのものではなかったようだ。結婚十数年を経てなお、彼は不在の半身を求めて「本来の面目」である「無限の彷徨」を続けていたのであろうか。真相は定かでないが、興味の尽きないところである。

死と握手する

次にとりあげたいのは、やはりいつの時代にも若い人々を悩ませずにはいない生と死をめぐる問題である。まさに「生と死と」と題された断章八では、まず「一厭世者《えんせいしゃ》」の視点から「死をおそれざることの論理」が提示される。自分には生に執着すべき何の理由もない上に、死は生の自然な継続にすぎないのだから、よく生きることとさえ心がけていればなんら死を恐れるには及ばない、という趣旨である。

しかし次には「一懐疑者」の立場から、逆に「死を恐怖することの論理」が語られる。生に深く執着すべき理由はないという出発点の認識は同じだが、これはあくまでも現在だけの話であって、これから経験されるべき生の可能性までも否定するものではない、だからその可能性を断ち切ってしまう死はやはりおそろしい、という内容である。

余はとうてい生きる力を持っていない者かもしれない。生に対する憧憬をいだいて永久に生きることのできない者かもしれない。しかし余が肉体の生命を保つかぎり、現在の事実として余には「生きんと欲する意志」がある。「生きんと欲する意志」は盲目に本能的に死をおそれている。

ショーペンハウアーの「生への盲目的な意志」の影響が濃厚にうかがえる一節だが、こうした文章が書かれたことの背景には、一高時代に阿部の一学年下であった藤村操《みさお》の記憶があったのではなかろうか。

よく知られている通り、北海道出身の秀才であった藤村は一九〇三年五月、「巌頭之感《がんとうのかん》」という遺書を楢《なら》の木の幹に残して華厳《けごん》の滝に身を投げ、十六歳十か月の短い生涯を自ら閉じた。「万有の真相は唯だ一言にして悉《つく》す、曰く、「不可解」。我この恨《うらみ》を懐《いだ》いて煩悶、終《つい》に死を決するに至る」という遺書の一節は有名だが、彼の死について通俗的な解釈や無責任な批判が飛び交う中、阿部は事件から一か月後に「校友会雑誌」に寄稿した「あゝ藤村操君」という追悼文の中で、「木石は遂に人間の情を解する能はず、肉の人は遂に霊の人のなやみを解する能はざればなり」と書いていた。

藤村操の自殺原因については諸説があるものの、同世代の若者たちはこれをいわゆる「哲学的自殺」の象徴として受けとめていた。その後、藤村の真似《まね》をして華厳の滝で後追い自殺を図る者が続出したという社会現象が、当時の青年層に蔓延《まんえん》していた不安と煩悶《はんもん》の空気を如実に物語っている。断章八「生と死と」には「明治四十五年七月六日夜」という日付が記されているので、すでに事件からは九年の歳月が経過していたことになるが、友人であった藤村操の死が阿部の心中にずっと深い影を落としていたことはおそらく間違いあるまい。

ただし、語り手にとって恐怖の対象となるのは、もはや青春時代特有の得体の知れない懊悩《おうのう》や死への衝動ではなく、生への欲望をじわじわと侵食する仮借なき死の気配である。「死は常に一躍して余を捕えることをしない。鼠を弄《もてあそ》ぶ猫のごとくしばしば余の「生きんと欲する意志」を脅かして余が生に不安の影を落す」。

それゆえに彼は、躍起になって死を排撃するのではなく、むしろ積極的にこれと和合しようとする。

ああ「余を死に導く力」よ。余は汝を諦視し汝を理解せんと欲す。汝の中に潜む「必然」を認めてこれと握手せんと欲す。これと握手して余の一身を死に託せんと欲す。死を恐怖せざるの論理は胡魔化《ごまか》しにすぎぬ。感覚鈍麻にすぎぬ。

ともすると自死への誘惑に駆られがちであった当時の若者たちにとって、逃れがたい宿命である死と手を結び、進んでこれに一身を託そうとする三太郎の言葉は、「生きんと欲する意志」を肯定的に根拠づけるものとして深い共感を呼んだにちがいない。

創造欲求と職業生活は両立するか

「第一」からはもうひとつ、芸術創造の問題をとりあげてみたい。以下は断章十五「生存の疑惑」の一節である。

創造の要求はあらゆる経済的活動と矛盾する。創造の熱に悩む心は一部を割《さ》いて職業に与えることを欲しない。創造の活動を中絶する経済的活動は常に創造の熱を冷却する。創造の成果が偶然にある経済的報酬をもたらすことはあっても、経済的報酬の要求と予想とは常に創造の作用を不純にする。魂が醱酵し苦悶して内界になんらかの建設を試みるとき、職業の強制は腸をかきむしるほどの苦しさをもって魂の世界を攪乱する。

芸術創造への純粋な欲求と、職業に伴う経済原則との矛盾は、とりたててめずらしい論点というわけではないものの、この文章の趣旨に賛同する読者は少なくあるまい。阿部次郎本人はいわゆる芸術家だったわけではないが、右の引用箇所の直後には「俺の心には常に創造の要求がある」とか「俺は今創造の熱に燃えている」といった言葉が見られるので、本音としては哲学研究者であるよりも、自ら芸術家でありたいという願望のほうが強かったのかもしれない。そのやみがたい志向が、ここでは三太郎という虚構の人格に託して語られているのではないか。日記の日付によれば、この一節が書かれたのは大正二年（一九一三年）四月、ちょうど阿部が慶應《けいおう》義塾大学の美学担当嘱託講師の職を得たばかりの時期であった。だからこそなおのこと、こうした問題意識が前景化してきたのだろう。

じっさい同じ断章には、「俺は貧乏人だ。俺は職業によって食って行かなければならない人間だ」といったシニカルな言葉が見られる。また、魂の生活と一致する職業を選ぶに越したことはないが、そうでなければいっそ魂とは無関係な職業に就いていて、その割合を最小限に制限するのが最も賢明な方法であるという意味のことも述べられている。だから「魂を弄《もてあそ》び、魂を汚し、魂を売り、魂を堕落させる職業は最も恐ろしい」。そして「俺は牧師となることを恐れ、教育家となることを恐れ、通俗小説家となることを恐れる」という一文で、この断章は締めくくられている。

阿部次郎にとって大学講師という職業は、「教育家」としての側面をもっていたとはいえ、魂を堕落させずにいられるぎりぎりの妥協点だったということなのだろうか。その後の彼の経歴を見ると、一九二三年十月には四十歳で東北帝国大学法文学部の美学講座担当教授として赴任し、三年後には評議員となり、さらに十五年後の一九四一年には学部長にも就任している。阿部と同い年の友人である安倍能成《よししげ》が、第一高等学校の校長を経て貴族院勅選議員となり、文部大臣や学習院院長まで務めているのと比べると、彼ほど輝かしい栄達を遂げたわけではないが、大学人としては非の打ちどころのない、立派なキャリアである。

もちろん社会的地位を得たからといって、それが即「魂を売る」ことになるわけではない。清貧にあえぎながら理想の生き方を追求する青年の尖《とが》った精神が、生活の安定とともに角がとれて丸くなっていくのは世の常である。しかし阿部は、戦時の学徒動員にあたって大学の修業年限を半年短縮するという文部省案に反対し、この案が強行されると、わずか八か月で学部長職を辞任している。創造への欲求と職業生活とを折り合わせる生活を続けながらも、やはり学者としての筋を通さずにはいられなかったのだろう。

創造の二段階

芸術創造そのものについての考察は、続く断章十六「個性、芸術、自然」でより詳しく展開されている。

芸術は創造である。これは疑いがない。しかし芸術は創造であるということは、いっさいの創造は芸術であるという意味ではない。芸術は特殊の創造である。いわば第一の創造を描出する第二の創造である。芸術は一種の創造として人生そのものである。しかし第一の創造（人生そのもの）を描写するものとして、それは人生にあらずして芸術である。いわば芸術は第二の人生である。

ややごたごたした文章だが、要するに創造には二段階あって、第一の創造がいわゆる人生そのもの、第二の創造はそれを描くものとしての芸術であり、その限りにおいて芸術は第二の人生であるとも言える、ということだろう。
では、第一の創造と第二の創造はどのように関わるのか。

大なる芸術の創造者は第一の創造を深く内面的に把握して、これを外化《エクスターナライズ》し、これを感覚界に投射する第二の創造に堪える人でなければならない。経験を内化するがゆえに外化する秘義をつかんでいる人でなければならない。この意味において芸術家は「生」を深くすると共に「生」を殺戮《さつりく》する。この意味において芸術家は質料を殺して「形式」を創造する。芸術家の個性はこの形式《フォーム》を外にして現われることができない。従って芸術はなまのままではいけない、質料そのままではいけない。いわば第一の創造は第二の創造によって新しく蘇《よみが》える。蘇えるためには第一の創造がなければならない。蘇えらせるためには第二の創造がなければならない。

いささかわかりにくい文章なので、少し注釈を加えてみよう。
ここに出てくる「質料」と「形式」という概念は、アリストテレスの hylē（ヒュレー、質料）と eidos（エイドス、形相《けいそう》）の区別を踏まえたものである。哲学的な定義はともかくとして、右の文脈に合わせて簡単に言い換えてしまえば、前者が芸術表現の素材となる「生」それ自体を、後者が創造行為による具体的な芸術表現を指している。

第一の創造として実際に経験された生は、そのままでは受動的な状態（まだ形になっていない可能態）にとどまっているが、芸術家の手になる第二の創造によって能動的な状態（具体的な形となった現実態）に移行し、引用の冒頭にあるような「大なる芸術」として私たちの前に立ち現れてくる。これが、「第一の創造は第二の創造によって新しく蘇える」という文の意味である。「「生」を殺戮する」とか「質料を殺して」といった表現は若干難解で過激な印象を与えるが、要は「なまのまま」の素材である生＝質料を消し去ることで、代わりに目に見える「形式」を浮上させることが芸術家の創造行為の本質である、という意味で解すればいいだろう。

ただし引用箇所の少し後で、第二の創造の結果として表出されるべき芸術家の「内生」はあくまでも具体的な姿や色や形であって、哲学や自己や個性であってはいけないと述べられていることに注目しなければならない。そうした抽象的要素は「芸術家に作為と強制と誇張と打算とを教えるにすぎ」ず、「自然の結果であって努力の目的ではない」からである。芸術家の意識に上るものは「いのちととけ合った色と形と姿」でなければならず、だからこそ芸術作品に生気が宿るのだと、語り手は言う。この主張には、阿部次郎一流の芸術観が端的に凝縮されている。

「実存、神、真理、愛」に至るまで

「第一」でとりあげるべき話題はまだ尽きないが、そろそろ次に移ることにしよう。

「第二」は全部で十一の断章から成っている。最初の断章一「思想と実行」の日付は大正三年（一九一四年）五月十七日、最後の断章十一「砕かれざる心」の日付は同じ年の十一月二十八日となっているが、断章八「郊外の晩春」だけ日付が前後していて大正三年三月二十六日とあるので、これが最初に書かれた文章であり、全体はほぼ八か月のあいだに集中的に執筆されたことになる。

「第二」でまず目を引かれるのは、「第一」にはほとんど見られなかった阿部次郎の自伝的な記述が織り込まれていることである。断章三「遅き歩み」には「俺は小学校の終わりか中学校の始めかに、父の本箱から古い倫理学の本をとり出してこれに読み耽り、人生の目的について、人間生活の理想についてさまざまに思い惑った」とあるが、これはおそらく実体験の記憶を記したものであろう。

同じ断章には、さらに次のような文章が読まれる。

俺は中学校の終わりに、学校の権威に反抗したために放逐された。高等学校の始めにあたっては、一つはその反動として、一つは清沢先生の感化によって、一時非常に内観的になったけれども、高等学校の末から大学時代の全体を通じて、俺の心には再び権威に反抗するの精神が燃え出した。社会と、先輩と、歴史とが、青年の自由な、みずみずしい発展を束縛する事実は――もしくは束縛すると感じた幻影は――事ごとに俺の心を痛めた。「自己の権威」を主張することがこの時代における思想生活の全内容であった。

一九〇〇年の十一月、山形中学校の五年生（最上級生）で卒業を間近に控えていた十七歳の阿部次郎は、校長の不当な指導方針に抗議して引き起こした騒動の首謀者とされ、他の四名とともに実際に放校処分になっている。また文中に清沢先生とあるのは、真宗大谷派の僧侶で正岡子規や夏目漱石《そうせき》にも影響を与えた清沢満之《きよざわまんし》（一八六三―一九〇三）のことで、阿部が第一高等学校に入学した一九〇一年九月頃は東京の本郷に「浩々堂《こうこうどう》」という私塾を開いていた。阿部自身はこの塾に出入りしていたわけではないが、清沢の唱えていた内観的な「修養」の概念から一時的に影響を受けていたのもまた事実である。

となると、この断章全体が、基本的には阿部自身がたどった精神の成長過程を忠実に踏まえて書かれたものと考えて差支えあるまい。「青年の自由な、みずみずしい発展」を抑圧する権威への反抗精神は十代のあいだに芽生え、外部の圧力に抵抗する「自己の権威」を彼の内に醸成した。青年に特有の矜持《きようじ》の表れである。

だが、彼はやがて、自由を束縛しているものが必ずしも社会や先輩や歴史といった外的な要因ではなく、むしろ自分自身にほかならないことに思い当たる。そこで関心の中心を外部から内部へと転移させ、省察のまなざしを自己の内実に向けるようになる。自分の限界はどうすれば超えられるのか、空《むな》しさや弱さを克服し、日々を充実した生活で満たすには、いったいどうすればいいのか——。

こうして「権威への反抗」といった単純な図式で人生を切り拓《きひら》くことはできないという認識に達した彼は、「必然的に「実存」や「神」や「真理」や「愛」の問題に移らなければならなかった」と述懐するのである。これは阿部次郎が実人生を振り返りながら自らの思想的軌跡を分析的に跡付けた回想であり、その意味でもとりわけ興味深い一節と言えるだろう。

宗教の原点とは何か

断章三「遅き歩み」で列挙されていた四つの主要な問題（実存、神、真理、愛）のうち、神については同じ断章に次のような記述がある。

俺はまだ内容的に「神」を知らない。俺は努めて「神」という言葉を用いることを避けたいと思う。しかし空と山と野と海と人の心との奥に流れている不思議な生命に触れてこれと共に生きるとき、俺は何か神のようなものに行き逢う。また自分の生活の流れが開け、閉じ、撓《たわ》み、繞《めぐ》り、進み行く姿を凝視して、俺の意識と意志とが後天的にこれに参与する力のはなはだ微弱なことを思うときは、俺は何か神のようなものに行き逢う。

『三太郎の日記』にはキリスト教や仏教関連の用語が相当の頻度で現れ、著者が宗教にたいして強い関心を示していたことがうかがえる。しかし彼は特定の宗教に帰依していたわけではなく、あくまでも人知を超えた存在としての神に憧憬の念を抱いていた。彼にとって神とは「空と山と野と海と人の心との奥に流れている不思議な生命」の源泉であり、自らの弱さに直面したときに姿を現す根源的な「力」である。

ここで語り手が、できれば「神」という言葉を用いたくないと言い、あえて「神のようなもの」という言い方をしていることに注意しよう。それはすべての存在の奥を流れている未知なる力であり、漠然とした予感として感知される気配のようなものである。だから彼は、これを明確に「神」という名で呼ぶことを逡巡《しゅんじゅん》せざるをえない。そのように名指してしまった瞬間、この気配に触れることで得られる感動の経験はその熱量を失い、客観的な認識の対象として固着してしまうような気がするからだ。

こうした感覚は、神を「無限の愛、無限の喜悦、平安」として定義した西田幾多郎のそれと相通じるものであるように私は思う。神を何らかの教義に還元してしまうのではなく、あくまでもそれに直接「行き逢う」無媒介的な体験として（西田の用語でいえば純粋経験として）とらえる姿勢が、両者には共通して見られるからである。そしてそれこそが、宗教というものの原点にほかならない。

その上で、語り手はそれでもなお「神」という名を口にする理由を次のように説明する。

現在のところ、「神」は俺の予感に名づけた名でいまだ信仰に名づけた名ではないけれども、この時にあたって俺の胸に湧く感激の経験は、「神」の名によって最もよく表現されることを感ずるのである。ゆえに俺は逡巡しながらもなおこれを神と呼ぶのである。

神への漠然とした予感が神への確固たる信仰へと移行するにはそれなりの契機が必要だが、ひとたび信仰が確立されてしまうと、最初の感動はすぐに色褪《いろあ》せてしまいかねない。語り手にとって重要なのはあくまでも「神のようなものに行き逢う」ことの新鮮な体験なのであって、「神」という名はいわば、そのために必要な記号にすぎない。だからその名が「俺の胸に湧く感激の経験」を最もよく表すという、ただその理由によって、彼は「神」という言葉を口にするのである。

引用箇所の少し後には「たといこの根本的実在が悪魔であっても、その悪魔が俺の胸をみたす感激のゆえにこれを神と呼ぶのは、そんなに不当なことではあるまいと思う」という一文が読まれるが、一見すると意外に思われるこの言葉も、以上の文脈に置いてみればさほどの違和感なく納得できるであろう。要するに阿部にとって重要だったのは、神への信仰を確かなものとして固めることではなく、常に神と出会うこと、そのたびに新しい気持ちで出会い続けることなのであった。

自己と実社会をつなげる

最後の日記である「第三」は、全部で十七の断章から成っている。断章一「自ら疑う」の日付は大正四年（一九一五年）六月九日、断章十七「某大学の卒業生と別るる辞」の日付は大正六年（一九一七年）七月だが、断章十六「奉仕と服従」の末尾には大正六年六月—八月という記載があるので、全体はおよそ二年と二か月のあいだに書かれた文章を集めたものである。

興味を引かれる話題は多いが、ここではとりあえず二つのテーマに焦点を絞って読んでみたい。ひとつは断章八「二つの途」に見られる社会および世界との関係、もうひとつは断章十五「思想上の民族主義」に見られる民族および人類との関係である。

まずは前者から。断章八は、「実社会に対するわれらの態度」についての早稲田文学社からの質問に答えて、自分はまだ力不足なので今は自分自身のことに集中し、実社会との深入りした葛藤は避けたい、そのうち力がついてきたら腰を据えて実社会に立ち向かっていきたいという趣旨の回答をしたところ、これは自分と社会を切り離す誤った態度であるとC君に批判されたというエピソードから始まっている。

ここでC君と言われているのは、阿部とほぼ同年代の作家・評論家、生田長江《いくたちょうこう》（一八八二—

一九三六）のことである。彼はニーチェの『ツァラトゥストラ』を翻訳したことで知られるが、平塚らいてうの雑誌「青踏」を支援したり、大杉栄らと交わったりして、社会問題に強い関心をもっていた。『合本　三太郎の日記』が刊行された翌年（一九一九年）には、『資本論』の第一分冊を翻訳出版したりして、社会主義にも接近していた人物である。そんな彼にとっては、当面は自分自身のことに集中し、実社会との深入りした葛藤は避けたいという阿部の言葉が、いかにも現実逃避的に聞こえて許せなかったのだろう。

この批判にたいして、阿部はここで「自分自身のこと」というのは物質的利益や享楽を意味するのではなく、自己の中に規範を発見しこれを実現できるよう自己を鍛えるという意味である、また実社会というのは家族や友人など身近な個人の集合ではなく、国家や自治体等々の組織全体のことである、と反論した上で、次のように述べる。

社会は自分を培うの土壌である。自分を囲繞《いじょう》するの雰囲気である。社会は自分の環境中最も有力なる要素である。自分は山にのがれても完全に社会を脱却することができない。海に浮かんでも徹底的に社会を超脱することができない。人は社会に対して、あるいは屈服しあるいは妥協しあるいは感謝しあるいは反抗する。いずれにしても人は社会の影響をのがれることができない。

つまり彼は、自分と社会を切り離すどころか、あらゆる局面において両者が不可分であることをじゅうぶん認識しているのであり、ひたすら内省的な生活に閉じこもったり超然主義的な境地に逃れたりすることは本意ではないと言っている。そしてさらに、社会とは自己実現の場であるから、自己の中に愛や理想があふれ出してくれば、必然的に社会への働きかけに向かわずにはいられないとも述べている。

しかしその上でなお、人は社会を離れて自己の問題に集中することは可能であるというのが、著者の基本的な立場である。

人は世界を縁として自己を考えることができる。そうして世界を縁として自己を考えることとは直接に世界そのものを考えることとは意味を異にする。この意味において世界を考えずに自己を考えることができないというのは誤謬である。いわんや社会をや。世界と社会と自己との間にはもとより緊密なる連鎖がある。しかしそれにもかかわらず自己の問題は世界や社会の問題に対して特殊にして独立せる問題となり得るのである。このとき意識の焦点に立つものはただ自己のみである。そうして世界と社会との問題が自らその中に含まれてくるのである。

世界や社会は自己を考えるための契機のひとつではあるが、絶対不可欠の前提というわけではない。十分条件ではあるが、必要条件ではない、と言ってもいいだろう。著者にとって関心の中心となるのはあくまでも自己そのものであり、これは世界や社会と切り離してもひとつの問題として成立する。だから世界も社会も、自己と関わる限りにおいて思考の磁場に引き寄せられてくるにすぎない。

阿部が『三太郎の日記』ではいわゆる論文という形で正面からさまざまな問題を扱うのではなく、随筆形式で折々に考えたことを自由に綴《つづ》るという方法をとった理由も、このあたりにあるような気がする。

日本人と世界人

次に民族および人類との関係について。

断章十五「思想上の民族主義」は、「余は日本人である」という印象的な一文で始まる。「余は日本人の血を受けて生まれ、日本の歴史によって育《はぐく》まれ、日本の社会の中に生息している。ゆえに自ら好むと好まざるとを問わず、日本人であることは余の運命である」。だから自分の中に良くも悪くも「日本的なるもの」を見出さずにはいられない。自分が日本を愛し、日本に奉仕する義務を負っていると感じるのも自然なことである。

しかし他方、自分には日本人としての平均的な資質に還元することのできない個性があり、それは世界の他民族にも共通する側面である。つまり「余は民族史に規定せらるると共に世界史に規定せられ、民族史によって教育せらるると共に世界史によって教育せらるる「世界人」である」。となると、自分は必然的に世界全体にたいしても義務を負っていることになるだろう。

では、日本にたいする義務と世界にたいする義務が矛盾をきたした場合はどうなるのか。当然ながら、奉仕の対象を自分が属する民族のみに限定することは、真の意味で普遍的な態度とは言えない。

我らの属する民族の外にも他の民族があり、個々の民族の上にはこれらの民族の相互関係によって成立する一つの「人類」が存在することは、曇らされざる眼をもって事実を見るかぎり、何人も拒みえざるところである。民族に対する奉仕の義務は、いかなる意味においても人類に対する奉仕の義務を妨げることができない。もとより我らは多くの場合、自己の属する民族に対する奉仕を通じて始めて人類に対する奉仕を具体的にする。しかしこの事実を承認することは、民族の不正なる意志に奉仕することによって人類に対する奉仕の義務を傷害する権利を認容することではない。

明快な論理である。著者はこの断章で民族主義を肯定的に評価し、自らも民族主義者であることを認め、日本の特質を知ることが教養の重要な要素であることを強調してもいるが、それが人類全体への奉仕という規範から逸脱して安易なエスノセントリズム（自民族中心主義）に堕してしまう危険にたいしては、きわめて慎重な姿勢を示している。私たちが教養を求めるのは「日本人」という個別特殊的な資格においてではなく、あくまでも「世界人」という普遍的な資格においてでなければならない。普遍的な妥当性を欠いた教養は「民族と民族との間の憎悪を増進する「戦争」の道具となるにすぎない」と、彼は明言する。

こうした阿部のコスモポリタン的な思想が、およそ国家主義的民族主義とは程遠い、ほとんど対極的なものであることは明らかだろう。あえて名付けるとすれば、これは「人道主義的民族主義」と呼ばれるにふさわしいものである。「政治上における民族主義はむしろ帝国主義的国家主義に反抗して、世界主義人道主義の主張と握手するものである」という一文が、そのことをはっきり示している。

この断章が書かれたのは大正六年（一九一七年）五月、第一次世界大戦が終局にさしかかり、ロシアでは社会主義革命が進行中の時期であった。帝国主義的侵略に対抗する民族自決の原則を織り込んだレーニンの「平和に関する布告」が公表されるのはまだ半年先のことであるが、次の阿部の文章はこうした世界の流れを先取りするかのような内容で、その高揚した文体とあいまって強い印象を与えずにはいない。

すべての民族をしてその血族上その歴史上の自然に従って彼らの国家を組織せしめよ。すべての民族を強国の圧制と征服欲とより釈放せよ。いかなる民族をも、強国が自ら肥《ふと》るための犠牲、強大なる民族の貪婪《どんらん》なる欲望に奉仕するための奴隷となすことなかれ。

『三太郎の日記』は基本的に自己を凝視した内省的思索の記録であるが、文章の端々には当時の国内外情勢を踏まえた著者の政治意識が顔を覗《のぞ》かせている。その意味で、これはけっして息苦しい閉ざされた書物ではなく、社会に向けて開かれた、言葉本来の意味における教養書である。少年時代に放校処分となった阿部次郎の反骨精神は本書の底流として至るところに脈打っているのであり、その熱い拍動が多くの青年読者の精神を揺さぶったのではなかろうか。

「人らしい人」となる

最後に、「第三」を締めくくる断章十七「某大学の卒業生と別るる辞」から、師弟関係について述べた部分を見ておきたい。

タイトルにある「某大学」とは、阿部が一九一三年から教鞭《きょうべん》を執っていた慶應義塾大学のことであろう。彼は自分の受けてきた教育がいたずらに漠然とした知識を教授するだけの、まとまりのないものであったことを振り返り、「古人の受けた鍛錬と訓育とを羨ましいと思う」と述べた上で、理想の師弟関係を次のように規定する。

師弟とは与えられるだけを与え、受けられるだけを受けんとする、二個の独立せる、しかも相互に深く信頼せる霊魂の関係である。弟子をその個性のままに一人の「人」とするところに師の師たる所以《ゆえん》があり、その稟性《ひんせい》に従って一個の独立せる人格となるところに弟子の最も多くその師に負う所以がある。

何も付け加える必要のない、簡潔明瞭な定義である。師弟は信頼関係によって結ばれた対等な関係であり、師の役割は弟子の個性を損なうことなく一個の人格として育てるところにある。師から学ぶべきは、学問についての単なる知識ではない。「我らが師について学ぶべきところは、問題の解き方である、途《みち》の切り拓き方である。生活内容を流れゆかしむべき方向である」。ゆえに師は弟子の可能性を最大限に引き出し、場合によっては弟子を打ち砕き、弟子を改造するまでに強烈な存在でなければならない。「我らに「無理」を強いる力のないものは、我らの師と仰ぐに値いせぬものである」――賛同できるかどうかは別として、これは今日でもなお通用する教育観だろう。

阿部はこのあと、弟子が師を選ぶにあたっては、自分にとって自然なものと不自然なものは何かという問いに必ず突き当たるとして、これを解決するために「ディアレクティク」（弁証法）の原理を提唱する。

テーゼ（正）とアンチテーゼ（反）の止揚によってジンテーゼ（合）に達する弁証法のプロセスは、新たな立脚地に進むことを可能にし、「無限の生々発展」をもたらす。しかるに現在の自己に矛盾なく適合するような師を安易に選ぶことは、テーゼの段階に安住する「自然的自然」であり、それでは今ある状態から一歩も進むことはできない。むしろ自分が抱えている不安や葛藤をありのままに凝視する「哲学的自然」から出発した上で、現在の自己を根本的に変容させる可能性を秘めたアンチテーゼとしての師を選ぶことこそが、自らの本質を十全に開花させるために必要なことである。

およそこうした趣旨のことを述べた上で、阿部は全体を次のような言葉で締めくくっている。

自分の諸君に希望するところは、世間的成功を収めることではなくて、人らしい人となることである。自分もまた人らしい人となることを心願として、これからも諸君と手を携えてディアレクティクの途を進んでゆきたいと思う。

「人らしい人」といった表現は、晦渋な言い回しの多い阿部にしては意外なほど素直で陳腐な感じがするが、ここまでの論旨を踏まえてみれば、この言葉は教師としての彼が真情をこめて語った率直なメッセージとして、学生たちの深奥にまっすぐ届いたであろうと想像される。確かに『三太郎の日記』全体が如実に示している通り、また恋愛をめぐるエピソードが雄弁に物語っている通り、阿部次郎は哲学者や著述家である前に、何よりもまず「人らしい人」なのであった。

阿部次郎『新版　合本　三太郎の日記』角川選書、二〇〇八年

第3章　生と性の青春論

——倉田百三『愛と認識との出発』を読む

「青春は短かい」

倉田百三の『愛と認識との出発』が出版されたのは一九二一年（大正十年）三月、阿部次郎の『合本　三太郎の日記』より三年後である。倉田は一九一七年六月に闘病生活の中で書き上げた『出家とその弟子』を岩波書店から自費出版しており、これが発売後まもなくベストセラーとなったので、すでにその名を広く世に知られる存在であった。親鸞《しんらん》とその弟子である唯円《ゆいえん》を主要な登場人物としたこの戯曲は、のちに英訳を読んだフランスのノーベル賞作家、ロマン・ロランに激賞されたりもしたので、青年の必読書としてはこちらのほうがよく知られているかもしれない。

しかしあらためてこれら二冊を読みなおしてみると、まったく個人的な感想ではあるけれども、現代の読者に訴えるところが多いのはむしろ『愛と認識との出発』であるように思われる。戯曲とエッセイという形式上の違いもあるが、この著作のほうが著者の息遣いをより直截《ちよくせつ》な言葉で、なまなましく伝えているからだ。

刊行時の「序文」には、この書は「自分の青春の記念碑」であり「後《おく》れて来たる青春の心たちへの贈り物」である、そして自分の青春がおよそ完全なものではなく、むしろ過失に満ちていたからこそ、青年読者にとっては有益なものであると信じる、という意味のことが書かれている。また、一九三七年の再版時に付された「版を改むるに際して」には「私が恃《たの》みを持つのは思想的内容そのものよりも人生に対する態度である」という一文があり、「生命に目ざめたる者は先ず自己の享《う》けたるいのちの宇宙的意義におどろくことから初めねばならぬ」とか、「生命と認識と恋と善とに驚き、求め悩むのは青春の特質でなくてはならぬ」とか、「先ず天と生命とに関する思想と感情とに充ち充ちてその青春を生きよ」等々、「生命」というキーワードを用いた印象的なフレーズが随所にちりばめられている。こうした言葉からも、著者自身が若い世代を対象とした人生論としての本書の意義について並々ならぬ矜持の念を抱いていたことがうかがえよう。

ちなみに再版時の序文の最後は、次のような格調高い有名な言葉で締めくくられている。

青春は短かい。宝石の如くにしてそれを惜しめ。俗卑と凡雑と低客とのいやしくもこれに入り込むことを拒み、その想いを偉《おお》いならしめ、その夢を清からしめよ。夢見ることを止めた時、その青春は終るのである。

若者ならずとも、この一節に心を動かされる読者は少なくないだろう。そして期待にたがわず、この書物はあちこちに著者の熱く煮えたぎる血が注ぎ込まれていて、今読んでも曰《いわ》く言いがたい高揚感を覚えずにはいられない。

三之助「の」手紙?

『愛と認識との出発』は、全部で十七編のエッセイから構成されている。このうち最初の五編は著者が旧制第一高等学校在学中に「校友会雑誌」に発表したもので、若書きゆえの未熟さも目立つとはいえ、残りの十二編に比べてもひときわ文章の温度が高い。

冒頭に収録されている「憧憬——三之助の手紙——」の末尾には脱稿時期を示す一九一二年二月という記載があるが、これは倉田百三にとって特別な意味をもつ日付である。一高生であった彼はある日、たまたま立ち寄った本屋で未知の著者の手になる一冊の青黒い表紙の書物を買い求めた。そして何の気なしに読み進めるうちに、「個人あって経験あるにあらず、経験あって個人あるのである」という一節を目にして、「心臓の鼓動が止まる」かと思うほどの強烈な衝撃を受けたと、別の文章（三番目に収録されている「異性の内に自己を見出さんとする心」）の中で語っている。言うまでもなく、この青黒い表紙の本とは、西田幾多郎の『善の研究』にほかならない。

この出会いについては後であらためてとりあげるが、その前に伝記的事実をざっと確認しておこう。倉田百三は一八九一年二月二十三日に広島県の庄原に生まれ、地元の尋常小学校・高等小学校を修了後、旧制の県立三次《みよし》中学校に進学した。その同級生だったのが香川三之助、この文章の標題にある人物である（三年上級であった三之助の兄はのちに歌人となる中村憲吉で、弟は親戚の香川家の養子となったために姓が異なっている）。彼は哲学や文学に強い関心をもっており、兄が文芸誌を主宰していた「白帆会」への入会を倉田に勧めるなどして、百三少年に少なからず影響を与えた。

香川は順調に中学校を卒業して一九〇七年に岡山の旧制第六高等学校に進学したが、倉田は諸般の事情から三年遅れ、一九一〇年に一高の文科に進学する。当時の校長は新渡戸《にとべ》稲造で、同学年には矢内原忠雄《やないはらただお》や芥川龍之介などがいた。ただし翌年には父親の要望もあって法科に転じたので、西田の著作を手に取った時点では一高法科の二年生だったことになる。

さて、西田哲学との出会いに興奮さめやらぬ倉田は、さっそく香川に手紙を書き、折り返し「すぐ来い」という電報を受け取ると、学業を投げ出して矢も楯《たて》もたまらず親友の住む岡山に向かう。そして一九一二年の二月初めから三月末にかけてのまる二か月間、二人は起居を共にしながら『善の研究』を一緒に熟読した。「憧憬——三之助の手紙——」に記されているのはまさにこの岡山滞在中の日付であり、この文章は倉田が二十一歳の誕生日を迎えてまもない同年二月二十六日、一高の「校友会雑誌」に掲載されたものである（掲載時のタイトルは「三之助の手紙」で、「憧憬」は単行本収録時に付け加えられたもの）。

この経験をきっかけとして、倉田はふたたび文科に戻って哲学の研究に進むことを決意する。そして東京への帰路に京都に立ち寄り、西田幾多郎本人とも面会する機会を得た。

以上の経緯を頭に置いてテクストに目をやると、まず気になるのは、サブタイトルが「三之助への手紙」ではなく「三之助の手紙」となっていることだ。これを素直に受け取れば、ここに掲げられているのは香川から倉田に宛てた書簡ということになる。じっさい文面には、丸山さんという寡婦が「三之助さん、三之助さんと言って私を弟の如く愛してくれた」とか、「君も重子さんに本でも慰めに送ってやり給え」（重子は百三の妹のひとり）とか、「君が向陵の人となってから」（向陵は旧制一高の別称）とか、「兄と一つコップの酒を飲んで」（百三に兄はいない）とか、伝記的事実に照らしても書き手が香川であることを示すような記述がいくつも見られる。

だが、いくら親友であるといっても、他人から受け取った手紙をそのまま自分の名前で発表するはずがない。確かに香川の手紙からそのまま引用したと思しき箇所が一部に含まれてはいるけれども、この文章は基本的に、友人の名を借りて倉田が自分自身の想《おも》いを語ったものであるということを、まずは確認しておきたい。

「生きること」への欲望

このエッセイを一読して受けるのは、私たちが「友情」という言葉から普通思い浮かべる関係とはかなり異なる関係のありようが、いささか過剰とも思える美文調で仰々しく綴られているという印象である。いくつか例を挙げてみよう。

我が友よ。御身と逢うの日は近く迫り来れり。我が心は常に哲学を思い、御身を慕えり。実に我らの間の友情は彼の熱愛せる男女の恋にも勝《まさ》りて如何に纏綿《てんめん》として離れがたく、純乎《じゅんこ》として清きよ。夜半夢破れて枕に通う春雨の音に東都の春の濃《こまや》かなるを忍ぶ時、御身恋しの心は滲《にじ》むが如くに湧き出ずるなり。

君の手紙の中には「君と別れてもいい」といったような気分が漂うてるなと私は感じた。ああしかし僕は君を離したくない、君が僕を離れんとすればするほど君を僕の側に止めて置きたい。そして出来るだけ私の暖かな気息を吹きかけてじんわりと君の胸のあたりを包んであげたい。君よたとい僕と離るるとも、もし君が傷《きずつ》いたならまた僕の所へ帰って来給え。濡《うるお》える眸《ひとみ》と柔かな掌《てのひら》とは君を迎えるべく吝《やぶさか》ではないであろう。

ああ愛する友よ、我が掌の温《ぬく》けきを離れて、芦そよぐ枯野の寒きに飛び去らんとするわが椋鳥《むくどり》よ、お前のか弱い翼に嵐は冷たかろう。お前に去られて毎日泣いて待っている私の所へ、さあ早く帰ってお出《い》で。

この通り、内容はほとんど熱烈な恋文そのものである。戦前の旧制高校において、男子学生同士のホモセクシュアルな関係がめずらしくなかったとはしばしば耳にする話であるが、六高と一高に進路が分かれたこともあって、中学校卒業後の香川と倉田は直接会う機会がめったになくなっていた。それだけに、親密な少年時代を過ごした二人の特別な友情が相手の不在によって次第に純化され、ついには「熱愛せる男女の恋にも勝」るほどの感情へと昇華されたとしても、ことさら驚くにはあたらないのかもしれない。

しかしそれにしても、これらの断片に見られる異常なまでの熱量はどうだろう。青年時代に特有の感傷癖が、友への想いをひたすら増幅させ過度に美化させたことは理解できるとしても、繰り出される言葉の端々からあふれ出る情念の水位は、異性の恋人にたいする通常のそれを遥《はる》かに凌駕《りようが》する域に達しており、もはや「友情」などというありふれた言葉では表しきれないほどだ。「御身恋しの心は滲むが如くに湧き出ずるなり」とか、「私の暖かな気息を吹きかけてじんわりと君の胸のあたりを包んであげたい」といった箇所を読むと、正直なところいささか気恥ずかしくなってしまう。

ただし、この文章は最初から最後までこの種の愛情告白に終始しているわけではない。「憧憬」にはもうひとつ、これと関連して見逃すことのできないテーマがある。それは「生きること」への強烈な欲望である。

「生きたい」という事は万物の大きな要求である。これと同時に統一、充実して生きたいという事は意識が明瞭になればなるほど悲痛な欲求の叫びである。ああ私は生きたい、心行くばかり徹底充実して生きたい。燃ゆるが如き愛を以て生に執著したい。

阿部次郎にも「生きんと欲する意志」への言及が見られたことが思い出されるが、倉田百三にあってはそれがさらに詠嘆的な語調で、切実な欲求として言語化されている。華厳の滝に身を投じた藤村操の例でも見た通り、生への欲望（エロス）と死への衝動（タナトス）は常に背中合わせであり、両者のあいだにはいつ逆転してしまうかもしれない息苦しいまでの緊張関係がみなぎっている。しかし倉田は「死に対する恐怖の本能よりも、よく生きんとする欲求的衝動の方が強烈である」と言い、「ショーペンハウエルとともにこの真理を信仰し、謳歌し、主張したい」と語る。そして人生において最善のこととは何かといえば、それは恋する女や愛する友と抱き合って至情の共鳴を感ずることであり、魂と魂が触れ合って囁《ささや》きを交わすことこそが最高の悦楽なのだと断言するのである。

ここまで読んでみると、倉田が香川にたいして示している異様なまでの執着も、単なる同性愛的なそれというだけでなく、相手が男であると女であるとを問わず、至高の愛情で結ばれた他者と合一することで魂が浄化されることへの普遍的な「憧憬」にほかならなかったのだという ことが納得されるであろう。じっさい、彼はその後何人もの女性と恋愛関係を重ねており、けっして同性愛者というわけではなかった。倉田百三にとって香川三之助は、ただの親友にとどまらず、少年時代に萌した「よく生きんとする欲求的衝動」を正面から受けとめてくれる稀《け》有《う》な存在だったのである。

なお、香川は東京帝国大学医学部を卒業して広島で開業していたが、一九四五年八月六日、原爆に見舞われて非業の死を遂げた。ただし倉田はその二年前にすでに病死していたので、旧友の悲惨な最期を知ることはなかった。

西田幾多郎への礼賛と不満

二番目に収録されている「生命の認識的努力」は、ひとことでいえば西田幾多郎の『善の研究』についての著者の解釈と見解を述べたものであり、それ自体、一編の論文として読める文章である。一九一二年十一月十二日夜という日付からすると、香川三之助とともにこの書物に読みふけった時期からは七か月以上の時間を経て書かれたものなので、当初の熱狂はすでに落ち着いて冷静で客観的な分析が基調になっており、倉田が西田から何を得たのか、また何を得なかったのかがうかがえる貴重な一編となっている。

倉田はまず、わが国の哲学界の現状を「乱射した日光に晒《さ》らされた乾《ひか》らびた砂山の連なり」になぞらえ、その中から「蒼ばんだ白い釣鐘草《つりがねそう》の花が品高く匂い出ているにも似て、我らに純なる喜びと心強さと、かすかな驚きさえも感じさせる」存在として、西田幾多郎の名前を挙げる。そして『善の研究』に見られる認識論の根底を radical empiricism（厳粛なる経験主義）に見出した上で、「主観と客観との差別のない、物心を統一せる第三絶対者を以て実在とする」純粋経験の概念を解説するのだが、このあたりはすでに第1章で見た内容と重複するので、詳しくは触れない。ただ、「氏の認識論においてはto knowは直ちにto beである」、あるいは「氏の哲学は実に概念の芸術であり、論理の宗教である」といったフレーズが、理性と感性、分析と直感の二元論を超越する西田哲学の本質をきわめて的確に言い当てていることだけ、ここに記しておこう。

むしろ注目したいのは、倉田がただ手放しで『善の研究』を礼賛しているわけではないということだ。「『善の研究』は客観的に真理を記述した哲学書というよりも、主観的に信念を鼓吹《こすい》する教訓書である」と高く評価するからこそ、この本を読んで不満を覚えた点についても彼は歯に衣《きぬ》着せずに述べている。

ただ言いたき事は氏の哲学には生物学的の研究が欠けている事である。例えば生殖というような大問題には少しも触れてない。愛に関しては多く論ぜられてるけれど、それはただ基督教的な愛についてであって、性欲の匂いの籠《こも》った愛については何の説く処もない。殊に永遠の大問題である死に関して何事をも語らないのには大きな不満を抱かないではいられなかった。

倉田の第一の不満である「性欲の匂いの籠った愛については何の説く処もない」という点に関しては次の項目で述べるとして、第二の不満について言えば、先に見た通り、彼はひたすら生きることへの強烈な欲望に憑《っ》かれた青年であった。そもそもこの文章は「生命の認識的努力」（強調引用者）と題されていたのだし、書き出しも「我らは生きている。我らは内に省みてこの涙のこぼるるほど厳粛なる事実を直観する」というものである。これほど強く「生」へのこだわりを示していた筆者が、誰ひとり逃れることのできない宿命である「死」について西田が正面から論じようとしていないことに落胆せずにいられなかったのも無理はない。

しかしながら、この不満がじつのところ西田への深い敬愛の念の裏返しにほかならないことは、この文章の終わり近くに記された次の一節からうかがうことができる。

> 氏の哲学には生命の脈搏が波打ってる。真面目なる、沈痛なる力がこもってる。〔……〕まことに氏は抽象的概念をいじくり回す単なるロジシャンではない。その思索には内部生活の苦悩が纏い、その哲学にはいのちとたましいとの脈搏が通うている。私はともに座し

て半日の秋を語りたる、京都の侘しき町端《まちはず》れなる氏の書斎の印象を胸に守っている。沈痛な、瞳の俊秀な光をおさめた、やや物瘠《ものや》せしたような顔が忘れられない。

二十一歳の青年倉田百三は、『善の研究』を彩っている抽象的概念のロジックに説得されたというより、あくまでも西田哲学の根底に脈打つ「生命の脈搏」、「いのちとたましいとの脈搏」に、身体をもって文字通り共振したのである。

唯我論の牢獄から脱出すること

三番目に収録されている「異性の内に自己を見出さんとする心」は、末尾に記されている通り「二十二回の誕生日の夜」、すなわち一九一三年二月二十三日に書き上げられたものである。タイトルが雄弁に物語っているように、これは自らの恋愛経験をもとに綴られた赤裸々な告白的エッセイであり、本書の白眉と言っても過言ではない。

全体は「上」と「下」の二部に分かれているが、「上」の最初で提起されるのは、自己の存在とは異なる生命の発見である。自分の周囲には「わたしらと同じく日光に浴し、空気を吸うて生きつつある草と木と虫と獣との存在」があり、「わたしらと共に悩ましき生を営みつつある同胞（Mitmensch）の存在」がある。自己以外にそうした生命的存在があるということはまさに驚きであり、「かくて生命と生命との接触の問題が、魂と魂との交渉の意識が私らの内部生活に頭を擡《もた》げて来る」。

語られているのはいわゆる「他者」の発見だが、ここでは「生命と生命との接触」への願望が、特に女性を対象とした抑えがたい欲望となって文章のあちこちから熱く噴き出してくることに注目したい。

私は生命の内部にただいたずらに己を主張せんとする盲目的なる暴力を意識せずにはいられなかった。生きんとする意志の無暗《むやみ》なる不調和なる主張を痛感せずにはいられなかった。この頃から人なみすぐれて強烈なる性欲の異常なる狂奔を持てあましていた私にはこの盲目力が一層力強く感ぜられた。

私の生命は血の色に漲《みなぎ》っていた。ほしいままなる欲望にふくれていた。私は充たされざる性欲を抱いて獣のごとく街を徘徊しては、昔《むか》し洛陽の街々に行われたる白昼の強姦のことを思った。

このエッセイは、先の二編と同じく一高の「校友会雑誌」に掲載されたものであるが（ただし掲載時はタイトルの「異性」が「他人」になっていた）、「人なみすぐれて強烈なる性欲の異常なる狂奔を持てあましていた」とか「充たされざる性欲を抱いて獣のごとく街を徘徊しては」といった箇所は、まさに西田に欠けていると倉田が不満を漏らしていた「性欲の匂いの籠った愛」への渇望を率直に告白する大胆な表現であるし、「白昼の強姦のことを思った」という一句に至っては、よく検閲にあって削除されなかったものだと思わずにはいられない衝撃的なフレーズである。

じっさい、倉田自身も本稿の発表をためらっていたと言われ、掲載後は一部の学生たちから鉄拳制裁（これは一高名物であった）を加えるべしとの声も起こったという。けっきょく制裁はまぬがれたものの、「校友会雑誌」の次の号には、この不穏当な文章をそのまま載せてしまったのは検閲ミスであり遺憾である、という趣旨の断り書きが文芸部長名で公表される事態となった。

先に見た通り、以前は香川三之助という同性の友人が切実な同一化願望の対象であり、このテクストでも「無二の友なるS」という形で彼との濃密な交渉が描かれている。その中には

「憧憬」とオーバーラップする断片も散見されるが、先に触れた西田幾多郎の『善の研究』との出会いが語られるのは、まさにこうした文脈においてであった。

見よ！

個人あって経験あるにあらず、経験あって個人あるのである。個人的区別よりも経験が根本的であるという考から独我論を脱することが出来た。

とありありと鮮かに活字に書いてあるではないか。独我論を脱することが出来た?! この数文字が私の網膜に焦げ付くほどに強く映った。

私は心臓の鼓動が止まるかと思った。私は喜こびでもない悲しみでもない一種の静的な緊張に胸が一ぱいになって、それから先きがどうしても読めなかった。私は書物を閉じて机の前に凝《じっ》と座っていた。涙がひとりでに頰を伝った。

自己の存在に目覚めた「私」は、いかにして他者の存在を受け入れて利己主義の限界を乗り超え、唯我論の牢獄《ろうごく》から脱出することができるのか——それが若き倉田百三を悩ませていた最大の問題であった。『善の研究』の一節にその可能性を直観的に見出した彼が、とるものもとりあえず岡山に住んでいた友人のもとに走ってこの書を共に読み込んだ経緯は、すでに述べた通りである。こうして倉田百三は、二か月に及ぶ香川三之助との冬ごもりを経て、完全に哲学に目覚めることとなった。

霊と肉の抱擁

だが、友と別れてふたたび上京した倉田は、孤独の中でふたたびどうしようもない不安と寂《せき》寥《りよう》感《かん》にさいなまれるようになる。「私は抱きつく魂がなくてはかなわないと思った。私の生命にすぐに燃えつく他の生命の焔がなくては堪えられないと思った」とあるように、当時の彼はとにかく魂と魂で抱き合い、自分の生を燃え立たせてくれるような対象を欲していた。ところが残念なことに、「友には肉が欠けている」。いくら親友であっても、同性の相手では完全な合体を実現することはできない。「生命と生命との侵徹せる抱擁を要求するならば、霊肉を併せたる全部生命の抱合が望ましかった。この要求よりして私は女に行かねばならなかった」。

倉田は三次中学校時代、教師の妻の妹である小出豊子という同い年の娘と知り合い、本人から結婚の承諾も得ていたが、小出家の事情があってこの話は破談となっている。したがって、彼の恋愛経験は実質的に一高時代から始まると言っていい。

すでに二十一歳になっていた彼は、精神と肉体の両面で完璧な融合を実現してくれる相手を求めて何人もの女性と交際を試みるのだが、さまざまな理由によって幻滅したり失望したりの連続で、欲求が満たされない日々が続く。色街に足を運んだこともあったが、彼はそこを訪れる男なら誰もが期待するであろう肉体関係ではなく、場違いにも精神的な恋愛関係を求めたため、やはり結果は同じことであった。「私は童貞であったが、故あって私の生殖器は病的に無能力であった」などということも書かれていて興味をそそられるが、人一倍性欲が強いと書いて憚《はばか》らなかった倉田のこと、このあたりは言葉半分に受け取っておくべきかもしれない。

だが、やがて彼はついに自分の恋愛対象にふさわしい相手を探し当てた。日本女子大学に通っていた妹の艶子を介して知り合った、逸見《へんみ》久子という女性がそれである。

「異性の内に自己を見出さんとする心」の後半は、「ああ私は恋をしてるんだ」というナイーヴな一句で始まり、全体を通して臆面もない恋愛賛美の言葉があふれている。「私は恋愛を迷信する。この迷信とともに生きともに滅びたい。この迷信の滅びる時私は自滅する外はない」、「私は私の身心の全部をあげて愛人に捧げた。私はどうなってもいい。ただ彼《か》の女のためにな るような生活がしたいと思う。私はすべてのものを世に失うとも彼の女さえ私のものであるならば、なお幸福を感ずることができるのである。私は決して彼の女に背かない。偽わらない。

彼の女のためには喜こんで死ぬことができる」等々……。
また、中には二人のあいだに肉体的交渉があったことを露骨にうかがわせるような記述も見られる。

恋は女性の霊肉に日参せんとする心である。その魂の秘祠に順礼せんとする心である。ああ全身の顫動《せんどう》するような肉のたのしみよ！　涙のこぼるるほどなる魂のよろこびよ！　まことにSex の中には驚くべき神秘が潜んでる。
肉と肉との有機的なる融著よ！　大きな鮮かな宇宙の事実ではないか。その結果として新しき「生」が産出されるのかと思えば胸がどきどきするほどたのもしい。まことに恋愛は肉の方面から見れば科学者のいうように「原形質の飢渇」であるかも知れない。細胞と細胞とがSexual union に融合するときの「音楽的なる諧和」であるかも知れない。

こうしてみると、二人は順調に愛情を育んでそのまま自然に結婚にまでたどり着いたかに思われるが、現実はそうならなかった。彼らが知り合ったのは倉田が一高の文科に復帰した一九一二年の秋、おそらくは十一月頃と推測されるが、それから一年もたたない一九一三年の九月、久子から一方的な絶縁状が届いたからだ。

この唐突な縁切り宣言は、主として家庭の事情によるものと想像されるが、本書の五番目に収録されている「恋を失うたものの歩む道——愛と認識との出発——」(「校友会雑誌」には「愛と認識との出発」と題して発表され、これが単行本の書名として採用されている)には「私は恋人から最後の手紙を受取ったが、私は生れてからかかる冷淡ないやな性質の手紙を見たことがなかった」という一節があり、二人の別れがきわめて不穏なものであったことがうかがえる。

そしてほぼ同時期に、倉田百三は医師から肺結核を病んでいることを告げられ、最終学年に進めないまま中退を余儀なくされて、失意のうちに療養生活を送ることになる。

矢内原忠雄批判

少し時計を巻き戻そう。四番目に収録されている「自然児として生きよ——Y君にあたう——」は、まだ倉田が逸見久子と交際中であった一九一三年六月五日に脱稿したもので、これまで見てきたテクストとは趣を異にしている。タイトルにある通り、これはY君——「校友会雑誌」掲載時(一九一三年六月十五日)には矢内原忠雄という名前が明記されていた——に宛てて書かれた文章で、同年五月九日の第三学期全寮茶話会でまもなく寮を去る三年生の総代として矢内原がおこなった演説にたいし、率直な批判を述べたものである。

前述した通り、二人は一高入学時の同期生で、同じ弁論部に所属して早くから交流があった。しかし知的な学生同士ならではの友情を結びながらも、倉田は哲学的思考に沈潜する傾向が強く、新渡戸校長の影響を受けて内村鑑三の聖書研究会に参加していた敬虔《けいけん》な宗教人である矢内原とは、いわば体質的に相容《あいい》れないところがあったようだ。

倉田による批判の第一点は、矢内原が伝道者として「他人の思想を僭《おか》すような危険な地位」に立っているのではないかということである。伝道とは「一山の宗祖たり得るほどの偉大なる人格者のなすべきもの」であって、「自己の分を知るものの軽々しくすべきものではない」。伝道という行為そのものの意義は認めながらも、あなたは果たしてそれに値するだけの人間なのか、それほどの人格の完成に到達しているのかと、倉田は問う。


Y君、あなたは伝道的観念が強い（キリスト教を他人に伝道するということを直接に指すのではない。）割合に自己生活の内省が深刻を欠いではいないであろうか。自己の生活について自信が強すぎはしまいか。自己の生活に威力を感じ過ぎはしまいか。試みにあなたの周囲を見たまえ。何処《どこ》に肯定的な、自信のある、強い生活を送ってるものがあろう。淋しい、弱い、自信のない、大きな声を出して他人に叫ぶのは羞《はずか》しいような生活をしてる人ばかりではないか。そういう強い、肯定的な、力ある生活を送ろうと思ってあせりつつも、出来ないで疲労するものもある。廃頽《はいたい》するものもある。はなはだしきは自殺するものもある。あるいは蒼ざめ衰えてなお苦しき努力を続けてるものもある。人生は限りなく淋しい。あなたは少なくとも寂しい思索家などのいうことに今少し耳を傾ける必要はないであろうか。

人間とは弱いもので、皆が皆、自信をもって日々の生活を送っているわけではない。公の場で一段上の高みから人の道を説くのは強者の態度であって、普通の弱い人間たちが抱えている「淋しい深い孤独な思想」への想像力を欠いた尊大な振舞いである。あなたにはそうした真剣な内省が足りないのではないか、というわけだ。

倉田はここで、ひとりの友人の例を挙げている。この青年は自分には芸術以外に行く道はないと思い定め、下宿にこもって懸命に創作に励んで二百枚もの原稿を書き上げながら、中途で空しさに襲われて、執筆を放棄してしまったという。そうした友をもつ立場からすれば、公の会合などでしばしばスピーチをおこない、卒業生の総代として喝采を浴び、自信満々に信仰の道を説く矢内原の華々しい活躍ぶりを（いささかの嫉妬も混じっていたかもしれないが）素直に受け入れられなかったのも当然だろう。

常識を捨て給え！

倉田の批判の第二点はより直截に、矢内原の思想そのものに関わっている。倉田から見れば、矢内原の善の観念はあまりに常識的で型にはまっている。善人になるというのはそれほど容易なことではなく、なろうとしてもなれない人もいるし、そもそも善悪を明確に二分することなどできるものではない。人は誰もが懐疑にさいなまれたり、どうすればいいかわからずに彷徨したりするものであって、「あなたのように素樸《そぼく》に単純に神を信仰出来る」ものではない、というのがその趣旨である。

自我の超克と肉欲との葛藤に苦しみながら思索を深めつつあった若き倉田百三の眼に、迷いもなく信仰の道を進んで行くかに見える矢内原忠雄の言葉があまりにも安易なきれいごとに映ったとしても不思議はない。「元来、あなたの思想全体が範疇的なのである」とか「あなたが思索を重んじられないために、あなたの思想は一般に型にはまっている」といった批判の言葉を次々に繰り出した末に、倉田は次のように呼びかける。

Y君、あなたは心の眼をもっと深く、鋭く、裸かにして人生を眺める必要はありはせぬか。常識を捨て給え！〔……〕まず一切の社会と歴史とより与えられたる価値意識を捨てよ。天と地と数限りなき生物の間に自己を置け。而《そ》して白紙のごとき心をもて生命の内部に湧き起る自然の声に耳を傾け、外界の物象と事象とを如実に見よ、かくて感得したる己れ自らの認識をもて生命の行く手を照らす人を自然児というならば、あなたは第一に自然児とならねばならない。

この文章のタイトルにある「自然児」という言葉は右の一節に由来しているが、注意しなければならないのは、倉田はけっして信仰そのものを否定しているわけではないということである。彼はただ、物事のネガティヴな側面に目をつぶったまま、苦悩も逡巡もなくまっすぐに神のもとに赴くキリスト教徒たちの単純さ・浅薄さにたいして疑念と苛立ちを覚えずにはいられないだけなのだ。「キリストの人格を崇拝する点において私は決して彼らに後《おく》れるものではない。私の行《ゆ》く方《え》にはキリストが立ってるとさえ思っている」と彼は書いているが、これはけっしてその場限りの勢いだけから出てきた言葉ではなかろう。だからこそ、彼は次のように呼びかけずにはいられないのである。

私らはもっと、もっとうろつこうではないか。肉を透して霊に行き、迷いと悩みとをくぐって信仰に入ろうではないか。もっと強く、濃く、深かく、鋭く生命を染め、穿《うが》ち、掘り込んで生きて行こうではないか。

キリスト者として信仰に身を委ねるにしても、それは深く迷い、思い悩み、自己を徹底的に掘り下げた末にそうするのでなければならない。倉田にとっての真正なる宗教とは、堕落や悪といった負の契機を切り捨てたところに成り立つそれではなく、それらのいっさいを引き受け、取り入れ、内に抱え込んだ宗教である。

「堕落を恐るる宗教は最も堕落したる宗教である。悪を容れ得ぬ善は最も内容貧しき善である。最も深遠なる宗教は堕落を包容する宗教である。最も豊富なる善は悪を持ちながらの善である」と断言する彼は、こうして「肉の匂いと煩悩の痕《あと》と疑惑の影」を欠いた矢内原の信仰を「人間味が乏しい」もの、「流動の趣きと野生の姿がない」ものとして容赦なく弾劾し、文章の最後では「あなたが新渡戸《にとべ》先生の宗教に赴かれないで、ドストエウスキーの宗教に入られることを切望するのである」と遠慮なく言ってのけるのだ。

いくら友人のことを思っての諫言《かんげん》とはいえ、敬愛する恩師の名前を引き合いに出してここまではっきり名指しで批判されれば、たいていの人間は不快感を覚えるのが普通だろう。下手をすれば、絶交にまで至ったとしても不思議ではない。だが、矢内原はこの文章を「最も感謝してこれをよみたり。〔……〕倉田君もわれの恩人なり」と掲載翌日（六月十六日）の日記に記しており、倉田も単行本収録のさいに加えられた「附記」に、その後矢内原から手紙を受け取ったが、「それは本当に基督者らしい、謙遜な、少しも反抗的な気分の含まれないかつ美しい智慧に富めるものであった」と書いて、率直に相手を称賛している。二人のあいだにはこのように、思想的体質の違いを越えた友情が成立していたのである。

もっと強実なる人生を

『愛と認識との出発』を構成する十七編のうち、ここまでようやく四編を読んできたにすぎない。一高時代に発表された最後のテクストは、先にも触れた五番目の「恋を失うたものの歩む道――愛と認識との出発――」（執筆は一九一三年十一月、「校友会雑誌」掲載は翌年二月）である。

恋人から届いた絶縁状についての恨みがましい言及がそこに含まれていることはすでに述べたが、同じ文章にはさらに「最後の彼女の手紙を見た私の心に燃え立ったものは獣の如き憎悪と讐敵《しゅうてき》の如き怨恨とであった」などという一節も見られ、発表媒体が学内雑誌であったとはいえ、少なからぬ読者の目に触れることを承知の上でプライヴェートな感情をここまで激しい口調で露わにしていることには驚かずにいられない。

著者は「考えてみれば彼の女は憐れむべき女である」、「まだ思想の定まらない彼女が私の尨《ぼう》大《だい》な、不完全な、私の精神生活の重荷に堪えなかったのも無理はない」と同情する気配も示しており、しかも久子の母親が自分と同じく肺を病んでいて、彼女がその喀血《かっけつ》をまのあたりにしたという事情に言い及んだりもしているので、必ずしも一方的な非難に終始しているわけではないが、「私の恋を破った最大の敵は彼《か》の女の母親の盲目的にしてエゴイスチックなる愛であった」とも書いていて、二人の破局に相手の母親の反対が強く影響していたことがうかがえる。

いずれにせよ、この失恋経験は倉田の精神生活にとって大きな転機となった。彼は「ああ人類初《はじま》って以来キリストに及ぶ偉大なる霊魂があったろうか。私は十字架の下に跪《ひざまず》くものである」と言い、「私の前にはキリストが金色の光に包まれて立っている」とまで書いており、まさしく苦悩をくぐり抜けた末に信仰を得たかのような心情を吐露している。そして愛することとは求めることではなく与えることであるという認識に達し、ニーチェの「夜の歌」から「我が魂もまた愛するものの歌なり」という一節を引きながら、偉大なる者には自分から他者を愛そうとする欲求があるのだと結論づけている。

本編を締めくくるのは次のような文章である。

花やかな幻の世界は永久に私の前に閉された。私はもっと強実なる人生を欲する。代赭《たいしゃ》色《いろ》の山坂にシャヴェルを揮《ふる》う労働者や、雨に濡れて行く兵隊や、灰色の海のあなたに音なく燃焼して沈む太陽を見る時に、未だ私に残された強実な人生の閃《ひら》めきに触れて心が躍る。私はこの一文をして「愛と認識との出発」たらしめたい。偉大なる愛よ、我が胸に宿れ、大自然の真景よ、我が瞳に映れかし。願わくば我が精霊の力の尽きざる内に、肉体の滅亡せざらんことを。

深い失意に沈みながらも、自らを必死に鼓舞して立ち上がろうとする青年の凜然《りんぜん》たる決意がみなぎった、美しい結語である。こうした文章を若さ特有の自己陶酔的な美辞麗句の羅列として敬遠する向きもあるかもしれないが、恋人への憎悪と怨恨を「もっと強実なる人生」への欲望へと転換し、絶望的な挫折の経験を「愛と認識との出発」の契機たらしめようとする意志の真摯さは、いささかも疑う余地がない。そして二十二歳にしてこれだけの思索の深まりを言葉に乗せて表現することのできた倉田百三という人物のたぐいまれな才能に、私はやはり素直な敬意と感嘆を禁じえないのである。

奇妙な共同生活

先に述べた通り、倉田は逸見久子との訣別《けつべつ》後、一高を中退して療養生活に入っていた。それから『愛と認識との出発』が刊行されるまでの伝記的経緯は、およそ次の通りである。

兵庫県の須磨《すま》や広島県福山市の鞆《とも》の浦《うら》で療養した後、一九一四年三月に郷里の庄原に戻った倉田は、次第にキリスト教への関心を深め、当地の教会に通うようになる。同年九月には広島病院に入院するが、翌年の一月、この病院に婦長として赴任していたクリスチャンの神田晴子という女性と知り合い、やがて恋愛関係となった（彼女は九番目に収録されている「過失――お絹さんへの手紙――」という文章の中で「天の使」、「神の使」と呼ばれている女性である）。

いっぽう倉田は宗教家の西田天香《てんこう》の思想に共鳴し、一九一五年十二月から、西田が京都の鹿《しし》ケ谷《がたに》に開いていた一燈園《いっとうえん》に住み込んで宗教生活を送るようになる。しかし翌年一月には健康状態が悪化したため一燈園を出て、三月には鹿ケ谷に一軒家を借りて晴子を呼び寄せ、やがて合流した妹の艶子も含めて三人で共同生活を始めた。やがて晴子は妊娠するが、倉田の両親は晴子をあくまで百三を看病するための女中扱いしていたという。

その後、百三の四番目の姉である政子と三番目の姉である種子が相次いで亡くなる一方、一九一七年三月には百三と晴子のあいだに長男(倉田地三《ちぞう》)が誕生した。本章の冒頭で触れた『出家とその弟子』が出版されたのは、その三か月後のことである。

一九一八年の夏には、九州帝国大学医科大学附属医院での結核の療養と肋骨《ろっこつ》カリエスの手術のため、晴子と地三を伴って福岡に移住する。当地では武者小路実篤《むしゃのこうじさねあつ》の主導する「新しき村」の熱烈な支持者となり、歌人の柳原白蓮《びゃくれん》や画家の児島善三郎、俳優の薄田《すすきだ》研二(本名は高山徳右衛門)などとも知り合った。

その後、健康状態が戻った倉田は一九二〇年十月、単身で上京して大森に居を構える。そして年末には妻子を呼び寄せるが、そこへほぼ同時期に知り合った伊吹山直子という女性が父親の反対を押し切ってやってきた。しかもどういうわけか、かつては倉田を手ひどく拒絶したはずの逸見久子までが離婚して嫁ぎ先から押しかけてきたため、倉田は妻を含めて三人の女性と同じ屋根の下で暮らすという、傍目《はため》にも異常な生活を送ることとなる。彼自身は虫のいいことに平和な共同生活を望んでいたようだが、すでに有名人であったため、当然ながらマスコミからは多妻主義との非難を浴びる事態となった。

やがて倉田の妻と子のことを気にかけた薄田研二が福岡から上京して、百三と別居状態になっていた晴子と恋愛関係になる。そして晴子は百三と別れ、彼の同意のもとに薄田と再婚した。『愛と認識との出発』が出版されたのは、三人の女性をめぐるこうした複雑な事情があった頃のことである。なお、倉田は本書の刊行から三年後の一九二四年に伊吹山直子と結婚しており、その後、晴子との子である地三は直子に育てられた。

「夢見ることを止めた時」

六番目に収録されている「隣人としての愛」（一九一五年十月）から最後の「千手観音の画像を見て」（一九二〇年十二月十五日）までの十二編は、倉田百三が以上のような生活を送っていた二十四歳から二十九歳までの五年間に書かれた文章であるが、そこには明らかに以前の彼とは異なる論調が現れている。たとえば十三番目の「地上の男女――純潔なる青年に贈る――」には「互に愛する男女は決して肉交してはならない！」といった記述が見られ、これがかつて「充たされざる性欲を抱いて獣のごとく街を徘徊」していたのと同じ人物の言葉であろうかと思わず目を疑ってしまうのだが、この時期の著者は一高時代に間違った主張をしたことを本気で悔いており、それを取り消すことが自分の義務であるとはっきり述べているのである。

しかし性欲に身を任せることを肯定するにせよ否定するにせよ、人生の先輩として一段上の高みから青年読者に教えを垂れようとする姿勢は、彼自身が痛烈に批判していた矢内原の「伝道」と変わるところがないではないか。じっさいこの文章に限らず、二十代の半ば以降に書かれた十二編には全体として説教臭が強く、一高時代の五編に比べると切実な迫力に欠ける感は否めない。凝縮された言葉のあいだから内面の叫びが絞り出されてくるようなあの息苦しさ、著者が自らナイフで身を切り刻んで血を流しているようなあの痛々しさは、いったいどこに行ってしまったのか。

これは年齢にふさわしい成熟なのであろうか、それとも例外的な早熟ゆえの頽廃《たいはい》なのであろうか。もし前者であるとすれば、成熟とはなんと悲しい運命なのだろう。そして後者であるとすれば、まだ二十代であった彼にとってはなんと残酷な報いなのだろう。いずれにせよ、倉田の実存は一高時代にすでに燃え尽きてしまい、あとの人生はただ当時の余熱が続いていたにすぎないのではないかという思いは抑えきれない。

三十代以降の倉田百三は、強迫性障害に悩まされながら執筆を続けていたが、けっきょく初期の作品を凌駕する文章は残せないまま、一九四三年二月十二日、五十一歳の短い生涯を閉じた。いみじくも彼が自ら語っていたように、やはり「青春は短かい」のであり、「夢見ることを止めた時、その青春は終るのである」。

倉田百三『愛と認識との出発』岩波文庫、二〇〇八年

第4章　日本人の「自己開示」

――九鬼周造『「いき」の構造』を読む

この本が書かれるまで

ここまでとりあげてきた三冊の書物は、方法や文体にはそれぞれに特色があるものの、いずれも人生の問題に正面から取り組んで格闘した精神の記録という印象が強かった。それらに比べると、九鬼周造の『「いき」の構造』はどちらかといえば文化論的な色彩が濃厚で、やや趣を異にしている。

この本では日本語の微妙なニュアンスを踏まえながら思索を深めていく著者一流のスタイルが遺憾なく発揮されており、難解ではありながら、読んでいて不思議な魅力を覚えずにはいられないのだが、ではなぜ「いき」が問題なのか、そしてなぜこの特殊なテーマを扱った書物が日本人の必読書として読み継がれているのかとなると、首をひねりたくなる読者も少なくないのではあるまいか。

テクストに入る前に、まずは著者の経歴と、この本が成立するまでの経緯を簡単に確認しておこう。九鬼周造は一八八八年（明治二十一年）生まれで、阿部次郎より五歳年少、倉田百三より三歳年長である。父親の九鬼隆一は男爵で、駐米全権大使などを務めた名士であった。母親の波津《はつ》（あるいは波津子《はつこ》、初子とも）は祇園《ぎおん》で舞妓《まいこ》の修業をしていたと言われる女性で、夫とのあいだに四人の男子（ただし長男は早世）をもうけるが、末子である周造を妊娠中に隆一の部下であった岡倉天心と恋愛関係になり、まもなく夫と別居して、周造が十二歳の年に離婚している（なお、『「いき」の構造』が刊行されてほどなく周造の両親は相次いで他界しているが、このとき波津は精神を病んでいた）。

周造は東京高等師範学校付属小学校・同中学校を経て、一九〇五年に旧制第一高等学校独法科に入学する。しかし歴史科目の点数が足りず一年次に落第、翌年文科に転科して、のちに京都帝国大学教授となった哲学者の天野貞祐《ていゆう》や、日本のカトリック教会の指導者となった岩下壮一、そして次章でとりあげる和辻哲郎らと同学年になった。

一九〇九年に一高を卒業して東京帝国大学文科大学哲学科に入学した九鬼周造は、一九一二年に大学を卒業すると、そのまま大学院に進学し、九年間在籍した。この間、一九一八年には前年に世を去った次兄一造の妻であった縫子と結婚している（ただしのちに離婚して祇園の芸妓と同棲）。一九二一年七月には大学院を退学し、十月に妻を伴ってヨーロッパに向かう。これから足掛け八年間に及ぶ留学時代が、彼にとっては重要な思想形成の時期となった。

一九二二年十月からはドイツのハイデルベルク大学に在籍し、哲学者リッケルトの指導を受ける（当時、同じ街には文部省の在外研究員であった阿部次郎のほか、天野貞祐や三木清、大内兵衛や羽《は》仁五郎らも滞在していた）。しかしこれに飽き足らなかった九鬼は、ベルクソンの思想に惹かれて二年後にはパリに移り住んだ。一九二五年十月からはパリ大学文学部に籍を置き、詩や短歌を日本の雑誌に投稿しながら『「いき」の構造』の原型となる論文、「「いき」の本質」の執筆にいそしむ。脱稿したのは翌年十二月、著者三十八歳の年であった。

一九二七年四月にはドイツに戻ってフライブルク大学でフッサールに学び、十一月にはマールブルク大学でハイデッガーの講義を受講した。翌年にはふたたびパリに戻り、フランス語でおこなった二本の講演をまとめて最初の著作となる *Propos sur le temps*（『時間論』）を出版するかたわら、サルトルとも親しく交わっている。

一九二九年一月に留学を終えて帰国した九鬼は、四月には天野貞祐の尽力で、京都帝国大学文学部哲学科の講師に就任する。四年前には和辻哲郎がすでに助教授として赴任しており、前年に定年退職していた西田幾多郎とはちょうどすれ違いになった。そして一九三〇年一月と二月には岩波書店の雑誌「思想」に「「いき」の構造」が論文として分載され、推敲《すいこう》を経て、同年十一月に同書店から単行本として刊行された。

以上の経緯からもわかる通り、この本には先行するパリ草稿が存在する。量的には決定稿の四分の一ほどの短いもので、単行本までの形成過程をたどる上では重要な文献だが、両者の比較検討は本書の目指すところではないので、ここでは参照しない。また、哲学者としての九鬼周造には一九三二年に京都帝国大学に提出した博士論文に基づく『偶然性の問題』（一九三五年）という主著があって、彼の思想を語る上ではこれを考慮に入れないわけにはいかないのだが、『「いき」の構造』はそれ自体が独立した世界観の表現になっているので、ここでは両者を切り離して読み進めていくことにする。

「いき」の存在を会得すること

さて、「いき」という音韻から私たちが自然に思い浮かべるのは「粋」という漢字であろう。それをあえて平仮名書きにして括弧に入れてあるのは、「生」、「息」、「行」、「意気」といった多義性が念頭に置かれているからである。この選択からも、日本語の特性にこだわりながら哲学的考察を極めようとする著者の姿勢がうかがえる。全体は「一　序説」、「二　「いき」の内包的構造」、「三　「いき」の外延的構造」、「四　「いき」の自然的表現」、「五　「いき」の芸術的表現」、「六　結論」の六章仕立てで、いかにもこの著者らしい、整然とした構成になっている。

冒頭には短い「序」が置かれているが、ここに見られる「生きた哲学は現実を理解し得るものでなくてはならぬ」という一文は、エピグラフとして引用されたフランスの哲学者、メーヌ・ド・ビランの「思考は存在全体を満たさなければならない」という言葉とともに、哲学者九鬼周造の基本的な姿勢を示す言葉としてしばしば引用される。抽象的概念をただもてあそぶだけの、現実から遊離した哲学には意味がない、生きた哲学とはあくまでも、実際の人生を理解するのに資するものでなければならない――この信念は彼のみならず、これまでとりあげてきた三人にも共通して見られるものであった。

第一章にあたる「序説」はまず、「いき」に相当する言葉が他の言語にも存在するかどうかの検証から始まっている。著者は「一の意味または言語は、一民族の過去および現在の存在様態の自己表明、歴史を有する特殊の文化の自己開示にほかならない」という認識から出発し、英語やドイツ語やフランス語の単語をいくつかとりあげて比較した結果、類似の意味内容をそなえた言葉であっても、そのカバーする範囲には微妙な差異があるということを確認する。そして「いき」というのは特に民族的色彩が濃厚な日本語であり、意味が近いと思われるフランス語の chic も coquet も少しずつニュアンスが異なるとした上で、「「いき」とは東洋文化の、否、大和《やまと》民族の特殊の存在様態の顕著な自己表明の一つであると考えて差支《さしつかえ》ない」と結論づける。

ここで九鬼は「薔薇《ばら》の匂《におい》を嗅《か》いで過去を回想する場合に、薔薇の匂が与えられてそれによって過去のことが連想されるのではない。過去の回想を薔薇の匂のうちに嗅ぐのである」というベルクソンの言葉（『意識に直接与えられたものについての試論』より、ただし原文に忠実な引用ではない）を引きながら、「事実としての具体性を害《そこな》うことなくありのままの生ける形態において把握すること」の重要性を強調しているが、この考えは次の文章でさらに敷衍されている。

「いき」を単に種《しゅ》概念として取扱って、それを包括する類概念の抽象的普遍を向観する「本質直観」を索《もと》めてはならない。意味体験としての「いき」の理解は、具体的な、事実的な、特殊な「存在会得《えとく》」でなくてはならない。我々は「いき」の essentia を問う前に、まず「いき」の existentia を問うべきである。一言にしていえば「いき」の研究は「形相的」であってはならない。「解釈的」であるべきはずである。

以下の本論を書き進めるにあたって著者がいかなる態度で臨もうとしているかは、この一節に集約されていると言っていい。引用中の essentia はラテン語で「本質」、existentia は同じく「存在」あるいは「実存」の意で、「形相的」とは事実ではなく本質を把握すること、「解釈的」とは逆に存在の事実そのものに即して理解することを意味する。この箇所には著者自らが注をつけていくつかの文献を指示しており、これを見ると前者（形相的）がフッサール、後者（解釈的）がハイデッガーの主張にそれぞれ対応していることがわかるが、著者は両者の相違を「本質直観」と「存在会得」という対比によって浮き彫りにした上で、「いき」の本質をいきなり抽象的に論ずるのではなく、まずは具体的な経験の地平においてとらえることから出発しなければならないという方針を明示しているのである。

媚態とは二元的可能性である

第二章では「いき」の内包的構造、すなわち、この概念が適用される対象のすべてに共通する属性はいかなるものであるかが検討される。

著者がまず「いき」の第一の特徴として挙げるのは、「媚態《びたい》」である。これは普通、「男にこびるなまめかしい女の態度」（広辞苑）を意味するが、九鬼がこの言葉に与える定義は「一元的の自己が自己に対して異性を措定《そてい》し、自己と異性との間に可能的関係を構成する二元的態度」というもので、必ずしも女が男にたいして示す一方通行的な態度に限定されるわけではない。じっさい、女の気を引く「いきな男」というのも当然存在するわけだから、九鬼の場合は「媚態」という言葉も通常よりは広い意味で理解されていることになる。

右の定義から読み取れるのは、男であれ女であれ、一元的な自己が異性の存在を意識し、そこに何らかの発展的関係性を想定することで二元的可能性へと開かれていくとき、そこに「媚態」が発生するということである。より直截に言えば、特定の異性と自分とのあいだに性的関係が成立する可能性が予感されるとき、相手にたいする媚態が生まれてくる。

ただしその可能性はあくまでも可能性の状態にとどまっていなければならず、ひとたび期待が現実に達成されてしまうと、両者のあいだの緊張関係は失われ、媚態も消滅する。「異性が完全なる合同を遂《と》げて緊張性を失う場合には媚態はおのずから消滅する。媚態は異性の征服を仮想的目的とし、目的の実現とともに消滅の運命をもったものである」というわけだ。

読者の中には、このあたりで違和感を抱く人も少なくないだろう。男であることや女であることを過度に意識したり強調したりすることの妥当性が根本から疑われるようになった現在、そもそも「媚態」という言葉自体がジェンダー平等の理念に真っ向から抵触するものであるし、「異性の征服」といった言い方は明らかな差別的表現として槍玉《やりだま》にあげられても仕方がない。

九鬼はここで「異性が完全なる合同を遂げて緊張性を失う場合」の例として、「得ようとして、得た後の女ほど情《なさけ》無いものはない」という永井荷風の言葉を援用しているが、この物言いなどは今ならまず炎上間違いなしだろう。
だが、現代の倫理観をそのまま一世紀近く前の言説に適用しても無意味であることは言うまでもない。むしろ九鬼の言う「媚態」は男同士でも女同士でも発生しうる普遍的な事象であると理解しておくほうが、読み方として適切だろう。つまり先に引いた定義文中の「異性」を「他者」と読み替えて、媚態とは一元的の自己が自己にたいして他者を措定し、自己と他者とのあいだに可能的関係を構成する二元的態度である、と解釈しておけば、「いき」の射程もさらに大きく広がるように思われる。じっさい、わが国の風俗文化に通暁していた著者のこと、江戸時代もそれ以前も、男色がきわめてありふれた慣習であったことを知らなかったはずはない。

それでもなお、九鬼周造が異性同士の二元性にこだわっていることは確かである。そもそも彼の哲学自体が、偶然と必然、自己と他者など、種々の二項対立的な構図から発想されているので、このこと自体はけっして不思議ではないのだが、主体と客体、主観と客観が分離する以前の一元性に焦点を当てた西田幾多郎の議論を思い出してみると、男女の性分化を前提とした上で男性＝主体、女性＝客体という二元性の図式を無批判に踏襲しているような印象のある九鬼の立場は、ややもすると後退的な伝統主義と見えなくもない。

しかし、この点だけをクローズアップして西田と九鬼を対比的にとらえるのは、あまりに単純に過ぎるし、適切でもなかろう。二人の思想にいくつもの重要な共通点が見られることは多くの論者が指摘しているし、九鬼が西田を敬愛していたこと、また西田も九鬼を高く評価していたことは、さまざまな文献から明らかである。両者の関係はより包括的に、かつより綿密に検討されなければなるまい。

武士道的な「意気地」と仏教的な「諦め」

ところで、「いき」を成立させる要素は媚態だけではない。九鬼が第二の特徴として挙げるのは、「意気」すなわち「意気地」である（後者は「意気地なし」と使われる場合は「いくじ」と読むのが普通だが、ここでは「いきじ」と読む）。辞書的には「事を貫徹しようとする気力」の意だが、九鬼は「江戸児《えどっこ》の気概」とか「男伊達《おとこだて》」といった言葉を挙げながら、「「いき」は媚態でありながらなお異性に対して一種の反抗を示す強味をもった意識である」と定義している。

要するに、異性にたいしてただ卑屈におもねるような態度ではなく、あくまでも毅然《きぜん》たる「心意気」をもってこれと相対する道徳的・理想主義的な姿勢、かつての武士道に見られた精神的な気高さのようなものが、「いき」のもうひとつの要素として提示されているのである。

これによって、媚態は単なる異性への性的・物質的欲望から、誇り高い矜持に支えられたより高次の精神的欲望へと昇華されることになる。

そして「いき」の第三の特徴は、「諦め」である。これはいささか意外な感じのする言葉だが、「運命に対する知見に基づいて執着《しゅうじゃく》を離脱した無関心」という定義を見れば、なんとなく納得がいくのではあるまいか。九鬼はこの定義をさらに「世智辛《せちがら》い、つれない浮世の洗練を経てすっきりと垢抜した心、現実に対する独断的な執着を離れた瀟洒《しょうしゃ》として未練のない恬淡無碍《てんたんむげ》の心」と敷衍している。要するに、自分になびく見込みのない異性にたいしていつまでも恋々と執着せず、思いが叶えられないのであればこれも運命と思い定めて諦める潔さ、といったニュアンスだろう。

ただしそれは単なる淡白さを意味するわけではなく、仏教的な世界観に基づく「宗教的非現実性」、すなわち男女関係の世俗性を超える境地を指している。つまり異性への未練がましさを捨て去ったところに開ける超脱の地平であり、事実をあるがままに受け入れる一種の「悟り」に近い状態である。

こうして「いき」の構造を特徴づける三つの要素を説明した上で、著者は第一の契機である「媚態」が「いき」の基調を構成し、あとの二つがその民族的・歴史的色彩を規定していると述べる。つまり、中心をなすのはあくまでも媚態であって、それが必然的に志向する一体化への欲望を抑制して二元性を維持する役割を果たすのが武士道的な「意気地」であり、さらにそうした葛藤を超越して仏教的な解脱に導く役割を果たすのが「諦め」である。

したがって、これら三つの要素は互いに相容れないものではなく、むしろ相補的なものである。著者の言葉を借りれば、「要するに、「いき」という存在様態において、「媚態」は、武士道の理想主義に基づく「意気地」と、仏教の非現実性を背景とする「諦め」とによって、存在完成にまで限定されるのである」。

四つの比較軸

続く第三章では「いき」の外延的構造、すなわちこの概念が具体的にどのような対象に該当するものであるかが検討される。著者はそのために、これと関係を有する主要な概念をいくつか想定し、それらとの共通点と相違点を明らかにしながら「いき」の意味範囲を画定する作業をおこなっているのだが、そのさいの参照枠として、二つの分類基準を設けている。ひとつは「人性的一般存在」と「異性的特殊存在」の区別であり、もうひとつは「対自性」と「対他性」の区別であるが、このあたりの用語法はややわかりにくいので、少しくだいて説明してみよう。

「上品」、「派手」、「渋味」など、「いき」に関係する意味をもつ言葉はいくつかあるが、それらは大きく言って、人間一般の性質に関わるものと、異性との関係性を前提とするものの二種類に分かれる。九鬼は前者のありようを「人性的一般存在」、後者のありようを「異性的特殊存在」と呼ぶ。この区別に従えば、「上品」や「派手」は前者、「いき」や「渋味」は後者に属することになり、両者はそれぞれ成立する人間関係の場（九鬼の言葉では「公共圏」）を異にしている。簡単に言ってしまえば、人は異性の存在しない環境でも「上品」であったり「派手」であったりすることができるが、異性がいなければ「いき」であったり「渋味」を発揮したりすることはできないということだ。

そしてもうひとつ、これらの概念にはその人自身にそなわった性質（対自性）に関わるものと、その人が他者にたいして及ぼす力（対他性）に関わるものの二種類がある。「上品」はその人自身の属性であるから前者であり、反対語である「下品」との区別はもっぱら対自的な価値の上下によって決まる。これにたいして「派手」は相手に与える印象の問題であるから後者であり、反対語である「地味」との区別はその人がどれだけ異性を惹きつける力をもっているか、すなわち対他的な働きかけの強度によって決まる。

これら二種類の分類基準を設定した上で、九鬼は四組の概念カップルを比較軸として「いき」の外延的構造を明らかにしようとする。

第一の比較軸は「上品―下品」である。「いき」と「上品」とは、趣味の卓越性において価値があるという共通点をもつと同時に、そこに媚態があるかないかという点で差異がある。つまり「いき」はそれ自体として趣味の良さを表すという点では「上品」と同じであるが、あくまで異性に訴えかける作用を前提としている(「人性的一般存在」ではなく「異性的特殊存在」に関わっている)という点で、これと明確に区別される。いっぽう、「下品」のほうは「上品」と違って媚態に関わりやすい面をもっており、その限りでは「いき」と共通しているが、趣味に関しては価値が低いという点でこれと区別される。

第二の比較軸は「派手―地味」である。両者の区別は他者に対する働きかけの強弱によって決まるという意味で対他的なものであるから、それ自体の価値についてはいかなる判断もそこには含まれていない。そして「いき」との関係はというと、「派手」は積極的な媚態を有する点でこれと共通しているが、その特色はきらびやかな衒《てら》いにあるので、「いき」の要素のひとつである「諦め」の恬淡無碍とは相容れないものである。いっぽう「地味」のほうはそもそも消極的な対他関係にある(異性に働きかける力が弱い)ので、「いき」のような媚態はもちえない。

第三の比較軸は「意気―野暮」である。これはあくまでも異性の存在を前提とした公共圏内における対立図式であり、対他性に関わる点では共通しているので、両者の差異を規定するのはもっぱら「対自性に関する価値判断」である。つまり異性を前にしたときは、世情に通じ、人情を解し、異性の世界を熟知して垢抜《あかぬ》けした振舞いができることが「意気＝いき」なのであり、それができなければ「野暮」とされる。「私は野暮です」という言い方にはしばしば裏返しの自負が隠されているので、いずれを選ぶかは趣味の問題であって客観的価値の問題ではないのだが、それでもやはり一般的には「いき」のほうが「野暮」よりも価値が高いと判断されることになる。

そして第四の比較軸は「渋味―甘味」である。両者はともに対他的な概念であるが、渋味が（渋面をして他人を避けるような）消極的対他性を意味するのにたいし、甘味は（甘えたり甘言を弄したりするような）積極的対他性を表している点に違いがある。それゆえ渋味はしばしば「地味」と混同されがちであるが、「地味が人性的一般性を公共圏として甘味とは始めより何ら関係なく成立している」のにたいして、「渋味は異性的特殊性を公共圏として甘味の否定によって生じたものである」ところに両者の大きな相違点がある。そして「いき」との関係についていえば、いずれも異性との関係を前提とした概念であるから同じ直線上にあって、「いき」は甘味と渋味の中間地点に位置している。甘味が否定されると「いき」が覚醒し、さらに否定の強度が高まればついには渋味に至るというわけだ。

文章で読むと若干ごたごたしてわかりにくいかもしれないが、九鬼の著作では以上の内容が図表によって視覚的に整理されているので、手元にある読者は適宜参照していただきたい。特に四つの比較軸で提示された八つの概念を頂点とする直方体の図は有名で、著者は「さび」、「雅」、「味」、「乙」、「きざ」、「いろっぽさ」等々の類似概念を（フランス語のchicやraffinéなども含めて）この図の中に位置づけながら説明している。客観的根拠の有無はともかく、このあたりの記述は九鬼周造独自のアイデアを示すものとして興味深い。

「いき」の基準の探求

さて、前章まで意識現象としての「いき」の構造を、それ自体の意味内容（内包）と該当する対象の範囲（外延）の両面から考察してきた著者は、続けて客観的表現としての「いき」へと議論を進めていく。これは言葉遣いや表情、身振りや装いなど、身体を通して表出されるものと、もろもろの芸術作品を通して表出されるものとに大きく二分されるが、第四章の「「いき」の自然的表現」では、まず前者がとりあげられる。

ここから先の記述では、さまざまな身体表現について「これは「いき」である」という例が次々に提示されているので、適当にいくつか拾ってみよう。

一語を普通よりもやや長く引いて発音し、しかる後、急に抑揚を附《つ》けて言い切ることは言《こと》葉遣《ばづかい》としての「いき」の基礎をなしている。

音声としては、甲走《かんばし》った最高音よりも、ややさびの加わった次高音の方が「いき」である。

全身に関しては、姿勢を軽く崩すことが「いき」の表現である。

全身に関して「いき」の表現と見られるのはうすものを身に纏うことである。

「いき」な姿としては湯上り姿もある。

姿が細っそりして柳腰であることが、「いき」の客観的表現の一と考え得る。

一般的にいえば丸顔よりも細おもての方が「いき」に適合している。

一般に顔の粧《よそお》いに関しては、薄化粧が「いき」の表現と考えられる。

とりあえずこの辺で止めておこう。なるほどと頷《うなず》かされるものもあるが、本当にそうだろうか、それはあくまでも著者の主観にすぎないのではないか、と言いたくなるものも含まれている。だが、九鬼は必ずしも自分が「いき」だと感じることを手当たり次第に並べ立てているわけではない。そこには彼なりの一貫した基準がある。

たとえば最初の例の後には「長く引いて発音した部分と、急に言い切った部分とに、言葉のリズムの上の二元的対立が存在し、かつ、この二元的対立が「いき」のうちの媚態《びたい》の二元性の客観的表現と解される」という説明が続く。二番目の例の後には「言葉のリズムの二元的対立が次高音によって構成された場合に、「いき」の質料因と形相因とが完全に客観化されるのである」と書かれている。そして三番目の例の後には「「いき」の質料因たる二元性としての媚態は、姿体の一元的平衡《へいこう》を破ることによって、異性へ向う能動性および異性を迎うる受動性を表現する。しかし「いき」の形相因たる非現実的理想性は、一元的平衡の破却に抑制と節度とを加えて、放縦なる二元性の措定《そてい》を妨止《ぼうし》する」という解説が加えられている（以上、強調はいずれも引用者）。一読了解というわけにはいかない文章の連続だが、いずれの場合も問題になっているのが「二元性」であることは見て取れるだろう。

右の引用箇所には「質料因」と「形相因」という言葉が二度ずつ出てくるが、これらはいずれもアリストテレスの『自然学』に見られる概念で、前者は事物の物質的な原因（素材）、後者は事物をその事物たらしめる原因（本質）を指す。阿部次郎を扱った第2章でも芸術創造との関連で「質料」と「形式」（形相）という概念が用いられていたが、九鬼の場合は「いき」の素材となる言葉や声や姿勢、すなわち「媚態」が質料因に対応し、これを抑制して「いき」を「いき」として成立させる本質、すなわち「意気地」や「諦め」が形相因に相当すると理解しておけばいい。

著者は要するに、言葉の抑揚、声の程よい高さ、少し崩した姿勢などのうちに自己の一元性を突き破る「媚態」（質料因）の二元性を認めると同時に、それが歯止めもなく異性との一体化願望として暴走することを抑制する「意気地」や「諦め」（形相因）との微妙な均衡のうちに、「いき」の成り立ちを見定めようとしているのである。だから非現実的理想主義を捨てて「放縦なる二元性」に身を委ねるような振舞い、たとえば「腰部を左右に振って現実の露骨のうちに演ずる西洋流の媚態」などは、およそ「いき」とは縁遠い身振りであるということになる。同じことは他のケースについても言える。たとえば四番目の例では「うすものを身に纏う」ことが「いき」とされているが、それは「「いき」の質料因と形相因との関係が、うすものの透かしによる異性への通路開放と、うすものの覆《おお》いによる通路封鎖として表現されている」からである。隠しながら見せる、見せながら隠すという両義性が、「いき」の存在様態を成り立たせていると言ってもいいだろう。以下も同様である。

幾何学模様はなぜ「いき」なのか

著者は続けて第五章「「いき」の芸術的表現」では、人為的に構成された作品のうちに現れた「いき」の諸相を概観する。その予備作業として、彼はまず「芸術の内容が具体的表象そのものに規定される」客観的芸術と、「芸術の形成原理が自由に抽象的に作動する」主観的芸術を分類する。簡単にいえば、前者は表現すべき対象（風景や人物など）が具体的に存在する場合で、絵画や彫刻、詩などがこれに属する。いっぽう、後者はそうした対象をもつことなく創造行為が自立的に実践される場合で、模様（デザイン）、建築、音楽などがこれに属する。前者が模倣芸術と呼ばれ、後者が自由芸術と呼ばれることがあるのも、もっぱら表現すべき対象の有無によるものである。

こうした区別を設けてみると、客観的芸術は一般に「何を表現しているか」という内容面の拘束を強く受けるため、表現対象自体に注意が向けられがちで、「どう表現しているか」という純粋な形式面には関心が向けられにくい。たとえば湯上りの女を描いた浮世絵はその女のたたずまいが「いき」であるから「いき」なのであり、全裸の女を描いた西洋絵画は題材自体が「いき」ではないから「いき」ではない、ということである。

もちろん、客観的芸術にも形式面での「いき」が成立する可能性があることを、著者は忘れずに指摘している。「たとえば、絵画については輪郭《りんかく》本位の線画であること、色彩が濃厚でないこと、構図の煩雑《はんざつ》でないことなどが「いき」の表現に適合する形式上の条件となり得る」。同じことは、文学についても言えるだろう。九鬼は自ら詩や短歌を創作していただけでなく、のちには日本詩の押韻について論じたりもしているので、言葉の音韻やリズムがいかに重要な作品構成要素であるかは人一倍実感していたにちがいない。

しかしそれでもやはり、形式面がクローズアップされやすいのは、表現すべき直接的対象が存在しない主観的芸術のほうである。こちらは「具体的な「いき」を内容として取扱う可能性を多くもたないために、抽象的な形式そのものに表現の全責任を託し、その結果、「いき」の芸術形式はかえって鮮やかな形をもって表われてくる」からだ。

そこで著者は、ここではおもに主観的芸術（自由芸術）を対象とすることとわった上で、最初に模様を例としてとりあげる。「媚態」の本質である二元性と、一元化への志向を制御する「意気地」と「諦め」が最も集約的に表現されている模様とは何か。それは「永遠に動きつつ永遠に交わらざる平行線」、すなわち縞《しま》模様にほかならない。そして同じ縞模様でも、縦縞のほうが横縞よりも「いき」である。なぜなら、私たちの両目は水平に並んでいるので、「左右に並んで垂直に走る縦縞の方が容易に平行線として知覚され」、「二元性の把握に適合した性質をもっている」からであるというのだが、このあたりの説明には科学的根拠があるわけではないので、なかなか素直には納得できないかもしれない。

そんな反応を予期してのことか、著者はこの後で、横縞が「いき」と感じられる場合もありうるとしていくつかの例を挙げ、また碁盤縞や格子縞などについても言及しているが、面白いのは絵画的模様との対比である。着物に花や鳥などの具体的な絵柄が描かれていることはめずらしくないが、九鬼によればそれらは二元性を表すには不適切であるがゆえに、「いき」ではない。彼に言わせれば、幾何学模様こそが自由芸術としての「いき」を表しうる意匠なのである。

著者はさらに、色彩についても私見を述べている。「「いき」を表わすのは決して派手な色ではあり得ない。「いき」の表現として色彩は二元性を低声に主張するものでなければならぬ」というのがその趣旨であり、具体的には「灰色、褐色、青色の三系統のいずれにか属するもの」が挙げられている。それぞれの理由を説明するにあたって次々に繰り出される豊富な例は、江戸文化に関する著者の造詣の深さを物語って余りあるが、ここではまとめとして次の一節を引いておくにとどめたい。

以上を概括すれば、「いき」が模様に客観化されるに当って形状と色彩との二契機を具備する場合には、形状としては、「いき」の質料因たる二元性を表現するために平行線が使用され、色彩としては、「いき」の形相因たる非現実的理想性を表現するために一般に黒味を帯びて飽和弱いものまたは冷たい色調が択《えら》ばれる。

建築と音楽における「いき」

模様の次に自由芸術の例としてとりあげられるのは建築であるが、著者が特に想定しているのは茶屋建築である。これが「いき」な建築として成立するには、内部が「排他的完結性と求心的緊密性」をそなえていなければならない。つまり一組の男女がその中にこもって、邪魔が入らない状態で親密に向き合える空間であることが求められるのであり、それを可能にする典型的な座敷が四畳半である。

というわけで、ここでも重要なのは媚態を発生させる二元性なのであり、著者の論理が首尾一貫していることがうかがえる。この二元性は、建築については用いられている材料や室内空間の区切り方に現れていて、それが「いき」の条件となる。たとえば木材と竹材の対立は材料の例であり、床と天井、床の間と畳の対立は空間の区切り方の例である。

ただしそうした二元性の主張があまり煩雑で目立ちすぎると、「いき」の精髄は損なわれてしまう。瀟洒を旨とする「いき」な建築において、曲線の使用が原則的に避けられがちであるのはそのためである(ただし円窓や半月窓などは、直線が圧倒的に優位である建築の中に一定の緩和的要素を導入する意味で、しばしば許容されることがある)。

いっぽう、媚態の二元性を抑制しつつ引き立てる装置としては、材料の色彩と採光照明の方法がある。前者は模様の色彩と同じく、灰色・褐色・青色の色調が建築の形式上の二元的対立を和らげ、野暮になることを防いでいる。また、昼間は庇《ひさし》や袖垣《そでがき》や庭の植え込みなどで外光を適当に遮断すること、夜は行灯《あんどん》や半透明硝子《ガラス》や間接照明を用いることが、淡い光の漂う「いき」な室内空間を実現する。「要するに、建築上の「いき」は、一方に「いき」の質料因たる二元性を材料の相違と区劃《くかく》の仕方に示し、他方にその形相因たる非現実的理想性を主として材料の色彩と採光照明の方法とに表わしている」のである。

以上は空間芸術の例だが、続いて著者は時間芸術である音楽をとりあげ、清元《きよもと》や長唄などの和楽を例に引きながら、「旋律上の「いき」は、音階の理想体の一元的平衡《へいこう》を打破して、変位の形で二元性を措定《そてい》することに存する」、そして「リズム上の「いき」も同様で、一方に唄と三絃との一元的平衡を破って二元性が措定され、他方にその変位が一定の度を越えないところに、「いき」の質料因と形相因とが客観的表現を取っているのである」と述べている。これは基本的に、これまで模様と建築について言われてきたことと同じ趣旨と考えていいだろう。つまり「いき」な音楽は、旋律とリズムの両面において一元性が打破されて二元性に開かれるという質料因の側面（「媚態」）と、なおかつそれが放縦に走ることなく一定の緊張のもとに二元性のまま維持されるという形相因の側面（「意気地」、「諦め」）とが均衡を保っているところに成立するということだ。

第五章の終わり近くに置かれた次の一節は、以上の議論の著者自身による総括になっている。

意識現象としての「いき」の客観的表現の芸術形式は、平面的な模様および立体的な建築において空間的発表をなし、無形的な音楽において時間的発表をなしているが、その発表はいずれの場合においても、一方に二元性の措定と、他方にその措定の仕方に伴う一定の性格とを示している。更にまたこの芸術形式と自然形式とを比較するに、両者間にも否《いな》むべからざる一致が存している。そうして、この芸術形式および自然形式は、常に意識現象としての「いき」の客観的表現として理解することができる。すなわち、客観的に見られる二元性措定は意識現象としての「いき」の質料因たる「媚態」に基礎を有し、措定の仕方に伴う一定の性格はその形相因たる「意気地《いきじ》」と「諦め」とに基礎をもっている。

ここだけ切り出してみると難解な印象を受けるかもしれないが、これまでの記述を踏まえてじっくり読んでみれば、さほどの困難なく理解できる文章であろう。

九鬼の普遍性の根源

以上の議論を踏まえた上で第六章にあたる「結論」へと読み進めてみると、いささか意外なことに、著者はこの本で意味体験の具体的な把握を期したにもかかわらず、けっきょくのところ概念的な分析に終わってしまったという反省の弁を述べている。「序説」の記述に立ち戻っていえば、ハイデッガー流の「存在会得」を目指しながらも、フッサール流の「本質直観」に終始してしまったと自省しているのである。

「いき」は個々の概念契機に分析することはできるが、逆に、分析された個々の概念契機をもって「いき」の存在を構成することはできない。「媚態《びたい》」といい、「意気地《いきじ》」といい、「諦《あきら》め」といい、これらの概念は「いき」の部分ではなくて契機に過ぎない。それ故に概念的契機の集合としての「いき」と、意味体験としての「いき」との間には、越えることのできない間隙《かんげき》がある。換言すれば、「いき」の論理的言表の潜勢性と現勢性との間には截然《せつぜん》たる区別がある。我々が分析によって得た幾つかの抽象的概念契機を結合して「いき」の存在を構成し得るように考えるのは、既に意味体験としての「いき」をもっているからである。

要するに「いき」は「概念的契機」の側からではなく、あくまでも「意味体験」の側から把握されなければならないということだが、著者はもちろん、だからといってここまでの試みが無駄であったと考えているわけではない。なぜなら「意味体験を概念的自覚に導くところに知的存在者の全意義が懸《かか》っている」からであり、その可能性を極限まで追求するところにこそ学問の意義があるからである。

著者はまた、最後にボードレールのダンディズムや、ニーチェの「高貴」あるいは「距離の熱情」などの例を挙げながら、これらは一見したところ「いき」と類似した特徴を有してはいるが、やはり本質的には「いき」の客観的表現とみなすことはできないと述べ、この概念があくまでも日本の民族的特殊性に帰せられるものであることを強調する。「「いき」に該当する語が西洋にないという事実は、西洋文化にあっては「いき」という意識現象が一定の意味として民族的存在のうちに場所をもっていない証拠である」というわけだ。

このあたりの論調はかなり日本文化の独自性を顕揚するトーンになっていて、ともするとナショナリズムに流れる危うさを感じさせなくもない。第一章の「序説」で「いき」に相当する外国語が存在しないことを確認した著者が、これを「大和民族の特殊の存在様態の顕著な自己表明の一つ」としていたことなども思い出される。

じっさい、『「いき」の構造』が単行本として出版された一九三〇年という年は日本が戦争に向かって急速に傾斜し始めた時期であり、翌年には満州事変、翌々年には五・一五事件、三年後の一九三三年には国際連盟脱退と、まもなく歴史上の大事件が相次いで起こっている。九鬼自身は太平洋戦争開戦前の一九四一年五月に五十三歳の若さで病死しているので、その後の日本の運命については知りえなかったわけだが、彼の思想的営為もこうした空気と無縁ではありえなかっただろう。じっさい、一九三七年に「思想」に発表された「日本的性格」と題する文章（『人間と実存』所収）には、あからさまに国粋主義的な言説が散見されたりもする。

しかし九鬼が『「いき」の構造』で展開している議論は、西洋文化と東洋文化の両方を視野に収めた上で、世界的な思想地図を俯瞰しながら日本独自の文化的特性を客観的に浮かび上がらせようとするものであり、そこに偏狭なナショナリズムの徴候を見て取るのは、まったく公正を欠いた解釈であるように思われる。この本の掉尾を飾る次の文章も、そうした観点から読まれなければなるまい。

「いき」は武士道の理想主義と仏教の非現実性とに対して不離の内的関係に立っている。運命によって「諦め」を得た「媚態」が「意気地」の自由に生きるのが「いき」である。人間の運命に対して曇らざる眼をもち、魂の自由に向って悩ましい憧憬《しょうけい》を懐く民族ならずしては媚態をして「いき」の様態を取らしむることはできない。「いき」の核心的意味は、その構造がわが民族存在の自己開示として把握されたときに、十全なる会得と理解とを得たのである。

ここで「自由」という言葉が二度繰り返され、「生き」というもうひとつの「いき」が傍点を付して強調されていることに注目したい。私は本章の冒頭で、なぜ「いき」なのか、なぜこの特殊なテーマを扱った書物が日本人の「必読書」として読み継がれているのか、という問いを提起しておいたが、その答えのひとつはこの一節にあるのではなかろうか。

九鬼周造が「いき」という概念に見出したのは、まさに「魂の自由に向って悩ましい憧憬を懐く民族」である日本人の、存在論的な「自己開示」なのであった。それこそがおそらく、テーマの特殊性も世代も超えた普遍的な風景として、多くの読者を惹きつけてきた最大の理由であるにちがいない。

九鬼周造『「いき」の構造　他二篇』岩波文庫、一九七九年、二〇〇九年第五十刷改版

第5章　考え続けることへのいざない

——和辻哲郎『風土』を読む

最初で最後の洋行から生まれた古典

和辻哲郎の名前は、すでに第2章の阿部次郎や第4章の九鬼周造との関係で何度か登場してきた。一八八九年（明治二十二年）生まれの彼は、年齢的には阿部よりも六年下、九鬼よりも一年下にあたる。代表作のひとつでもある有名な『古寺巡礼』は著者が三十歳を迎えてまもない一九一九年五月の刊行であり、文字通り青年期の著作と言っていいが、本章で扱う『風土——人間学的考察』（以下、単に『風土』と記す）が出版されたのはそれから十六年後、一九三五年の九月で、著者はすでに四十六歳の壮年期を迎えていた。ただし、各章を構成する論文は一九二八年から一九三一年のあいだに初稿が執筆されているので、その意味では三十代の終わりから四十代の初めにかけての仕事ということになる。

和辻は一九二五年三月に京都帝国大学講師の職を得て、同年七月に助教授に任ぜられた後、文部省の命によってヨーロッパ（おもにドイツだが、フランスやイタリアにも滞在している）に留学した。白山丸という船に乗って神戸から出港したのは一九二七年二月十七日、まもなく三十八歳を迎えようという頃であったから、けっして早い渡航ではない。しかも彼にとってはこれが最初の、そして実質的にはほとんど最後のまとまった海外体験であった。

船は上海《シャンハイ》、香港《ホンコン》、シンガポール、ペナン、コロンボ等に寄港した後、アラビア海からアデンを経て紅海を北上、スエズ運河を経由して地中海に入り、三月二十七日にフランスのマルセイユ港に到着した。つまりアジア、中東、ヨーロッパの三地域を、ほぼ四十日間の航海で通り抜けたことになる。当然ながら『風土』にはこのときの体験が反映されているが、ヨーロッパ以外の土地にはほんの数日立ち寄っただけであるから、彼が実地で見聞できたことにはおのずと限界があることを念頭に置いておかなければならない。

マルセイユに着いた後、和辻は翌日すぐに鉄道でパリに移動し、市内見物などして十日ばかりを過ごした。当初の目的地であるベルリンに到着したのは四月八日だが、直前の六日には、一九二四年秋からパリに滞在中であった旧知の九鬼周造に再会している。

九鬼はまもなくドイツに戻ってフライブルク大学に移り、フッサールの家でハイデッガーと知り合うと、講義に出席したり直接対話を交わしたりして彼と親しく接することになるが、和辻のほうは同じドイツにいながら、また京都帝大の上司であった先輩の田辺元《はじめ》から紹介状をもらっていながら、けっきょく自分と同い年のこの哲学者に会いには行かなかったようだ（そもそも彼はヨーロッパ滞在中、ほとんど現地の人間とは交流しなかったと言われている）。

和辻は三年間の滞在予定を一年二か月で切り上げて一九二八年七月に帰国し、その年の秋から翌年にかけて、「国民性の考察」をテーマとした授業を京都帝大でおこなっている。『風土』のもとになっているのは、このときの講義草案である。その一部は推敲を経て、のちに雑誌「思想」に掲載された。書物としてまとめられるまでには種々の改稿が施されているが、著者は一九三四年七月に東京帝国大学の文学部教授として異動しているので、単行本の刊行時にはすでに京都を離れていた。

本を開いてみると、「序言」の冒頭には「この書の目ざすところは人間存在の構造契機としての風土性を明らかにすることである」とあって、執筆の目的が端的に示されている。そして「自分が風土性の問題を考えはじめたのは、一九二七年の初夏、ベルリンにおいてハイデッガーの『有と時間』を読んだ時である」として、具体的な執筆のきっかけも明らかにされている。一般に『存在と時間』と訳されるこの書物を、和辻は非常に興味深く読んだとしながらも、著者が人間の存在構造を把握するにあたって時間性に注目する一方、空間性にはじゅうぶんな注意を払っていないところに限界を感じたとして、時間性（歴史性）と空間性（風土性）は不即不離の関係にあるがゆえに、自分は後者に注目したのであるという。

本論は五章から成り、「第一章　風土の基礎理論」、「第二章　三つの類型」、「第三章　モンスーン的風土の特殊形態」、「第四章　芸術の風土的性格」、そして「第五章　風土学の歴史的考察」という構成になっている。

寒さの中に「出ている」我々

「第一章　風土の基礎理論」は、「一　風土の現象」と「二　人間存在の風土的規定」の二節から成る。第一節の冒頭では「ここに風土と呼ぶのはある土地の気候、気象、地質、地味、地形、景観などの総称である」という定義が示されているのだが、これだけなら「自然」とどう異なるのかが分明でない。そこで著者は、「寒さ」という現象を例として両者の違いを説明する。

通常の理解では、客観的事実としてまず温度の低い空気（寒気《かんき》）が存在し、それが私たちの身体感覚を刺激して、主観的な心理状態としての寒さが経験されるという順番になるだろう。だから寒気は私たちからは独立した自然現象として存在し、それが外側から迫ってくる結果、私たちが寒さを感じるということになる。

だが、人間は寒さを感じる前に寒気なるものの存在を知ることなどできないのであって、「我々は寒さを感ずることにおいて寒気を見いだすのである」というのが、著者の主張である。つまり私たちは寒いと感じるからこそそこに寒気が存在することを知るのであり、その逆ではない（先に寒気の存在を知ってから寒さを感じるのではない）。

かく見れば主観・客観の区別、従ってそれ自身単独に存立する「我々」と「寒気」との区別は一つの誤解である。寒さを感ずるとき、我々自身はすでに外気の寒冷のもとに宿っている。我々自身が寒さにかかわるということは、我々自身が寒さの中へ出ているということにほかならぬのである。

主観と客観の区別を否定するこの一節からは、「純粋経験」をめぐる西田幾多郎の議論が自然に思い出されよう。西田は「個人あって経験あるのではなく、経験あって個人あるのである」と喝破していたが、このひそみに倣って言えば、「我々あって寒さあるのではなく、寒さあって我々あるのである」。つまり寒さが経験として生じたとき、すでに我々は冷たい空気の中に宿っているのであって、それはまさに、主体と客体が未分離の境位において出来《しゅったい》する純粋経験にほかならない（ちなみに右の引用では「我々自身が寒さの中へ出ている」という言い方がされているが、「外に出ている」〈ex-sistere〉という発想は明らかにハイデッガーに由来している）。

そして著者はさらに、寒さの体験が個人の意識を越えて他者にも共有されていることを指摘する。「我々は同じ寒さを共同に感ずる」。「寒さの中に出ているのは単に我れのみではなくして我々である。否、我々であるところの我れ、我れであるところの我々である」。かくして「我れ」と「我々」の区別もまた解消されるのであり、和辻はこの関係を「間柄」という彼独自の用語で表している。

『風土』刊行の前年にあたる一九三四年三月に、和辻は『人間の学としての倫理学』という重要な書物を出しており（ちなみにこの本の冒頭には「西田幾多郎先生にささぐ」という献辞が掲げられている）、その第二章には「人間とは一定の間柄における我々自身である。しからば問うということもまたかかる「人間」の存在の仕方として、間柄において把捉せられねばならぬ」といった記述が見られる。要するに、「間柄」とは人間を独立した「個」として扱う西洋哲学の伝統にたいするアンチテーゼであり、その発想にはフッサールの言う「間主観性」（あるいは「相互主観性」）の影響を見て取ることができる。

このように、著者が描き出す「風土」概念においては、主体としての「我」が外に出て客体（対象）としての自然と一体化すると同時に、その「我」が他者との関係性（間柄）において把握されるという意味で、「個」としての存在は二重に相対化されている。「我々は「風土」において我々自身を、間柄としての我々自身を、見いだすのである」という一文も、そうした文脈で理解できるであろう。

以上のような自己了解の仕方は、たとえば災害への対応、家屋の構造、着物の様式、食物の生産などの日常的な営為に、さらには文学や美術、宗教や風習など、あらゆる生活の局面に見出すことができる。したがって、風土の現象は単なる自然環境とは明確に異なるものであり、おのずから歴史的な経緯と切り離すことができない。「歴史と離れた風土もなければ風土と離れた歴史もない」のであり、それは人間存在の根本構造からのみ明らかにされうるのであるというのが、第一節の結論である。

風土の型の発見

続いて第一章の第二節では、「人間存在の風土的規定」がテーマとなる。先に「間柄」として示された人間存在のありようを、個人であると同時に人々の共同態（和辻は共同体ではなく共同態と表記している）でもあるという二重性としてとらえた上で、著者は「個であるとともにまた全であるごとき人間存在の根本構造」をとらえることの必要性を主張する。そして人間存在が共同態を形成する運動は身体の主体的な関与なしには生じえないものであるから、この運動は時間性においてだけでなく、空間性においても把捉されなければならない。したがって「時間と空間との相即不離が歴史と風土との相即不離の根柢である」。歴史とは単に精神だけで形成されるものではなく、必ず肉体的要素を含んでいるものであり、「このような主体的肉体性とも言うべきものがまさに風土性なのである」。

以上は著者の記述をかなり端折《はしょ》ったいささか乱暴な要約であるが、彼の言いたいことは要するに、人間の肉体を単なる物体として扱ってきた従来の身心二元論的な学問体系が身体論と精神論に分裂してきたのにたいして、現代の哲学は両者を人間の本質的な二重性格として統一的に理解しなければならない、ということである。この立場からすれば、「歴史は風土的歴史であり、風土は歴史的風土である」ので、両者を切り離すことはできない。つまり空間と時間、身体と精神、風土と歴史といった一連の二項対立図式は、主体的肉体性の恢復《かいふく》によって乗り越えられなければならない。

その身近な例として著者は「道具」を挙げているが、ここで述べられていることは基本的に、ハイデッガーの「道具的連関」（あらゆる道具は「……するためのもの」という関係で連続的につながっていること）の応用である。「ための連関」を次々にさかのぼっていくと、最終的には「寒さをしのぐため」とか「雨をよけるため」といった目的に行き着くことになるが、身体に直接関わるこうした風土的条件の中で、人は自らがいかなる存在であるかを客観化し、自己了解することになる。

著者は次に、私たちが日ごろ感じているさまざまな「気分」について述べている。たとえば朝起きて「爽やかな気分」であるとすると、それは私たちを取り巻く空気の温度や湿度の状態が外側から影響して「爽やかさ」という心的状態を生み出しているのではない。そうではなくて、「我々は空気の爽やかさにおいて我々自身を了解している」。つまり爽やかな空気というのは外界に存在する対象物なのではなく、私たち自身の存在の仕方、身体性のあり方そのものなのである。これは先に「寒さ」について語られてきたことと同様の事態として了解できよう。

以上のような風土的規定性（和辻の言葉では「風土的負荷」）は、身心両面を含めて、私たちの存在のありようを歴史的に特徴づけてきた。したがってこの議論は、「風土の型が人間の自己了解の型である」という命題に行き着くことになる。とすれば、次の課題はこうした風土の型をいかにして発見できるかということになるだろう。

ここまで風土的規定性について述べられてきたことはあくまでも一般論であって、具体的な人間存在の仕方をその特殊性において把握するものではなかった。したがって私たちは、歴史的・風土的な現象の直接的な理解、すなわち存在的な認識に向かわなくてはならない。ただしそれは同時に、存在論的な認識でもなければならない。つまり単なる客観的対象としてさまざまな現象を扱うのではなく、「これらの現象が人間の自覚的存在の表現であること、風土はかかる存在の自己客体化、自己発見の契機であること、従って主体的なる人間存在の型としての風土の型は風土的・歴史的現象の解釈によってのみ得られること」を踏まえての理解でなければならない。

だからそれは特殊的な存在の特殊性に向かう限り存在的認識であるが、その特殊的な仕方を人間の自覚的存在の様態として把捉する限り存在論的認識である。かくして人間の歴史的・風土的特殊構造の把捉は、存在論的・存在的認識となる。風土の型が問題となる限り、かくならざるを得ないのである。

こうして著者は、歴史（時間性）と風土（空間性）の両方が絡み合って形成されてきた人間存在の特殊性を、おもにこれまで閑却されがちであった風土の側から考察するという企図を確認して、第一章を終えている。

「本当か?」と「そうか」のあいだ

第一章はいわば全体の構想を提示した総論にあたるが、第二章では各論として、具体的に風土の三つの類型――モンスーン型、沙漠《さばく》型、牧場型――が論じられる。

和辻がたどった神戸からマルセイユまでの旅程については先に記した通りであるが、その途上で彼がまず経験したのは、モンスーンによってもたらされる南洋地域の暑さと湿気であった。特に湿気は堪えがたいほどであったが、にもかかわらず、それは土地の住民の内に「自然への対抗」（自然条件に抵抗してこれを克服しようとする動き）を呼び覚ますことがないと著者は言う。理由のひとつはそれが自然の恵みを意味するから、もうひとつはそれが逆に自然の暴威をも意味するからで、それゆえに人間は、湿潤な気候を生命の横溢《おういつ》のしるしとして受け入れるしかない。「かくて我々は一般にモンスーン域の人間の構造を受容的・忍従的として把捉することができる」。

こうした湿潤気候の典型を、著者は南洋とインドに見出す。一年中暑い南洋の「夏」は、四季の変化がある日本のそれと同じものではない。「人間が夏として存在するのは気分の移り行きとして存在するにほかならぬが、南洋の人間はかかる移り行きを知らない」からである――

ここまではまず素直に了解できよう。

だが、著者はこれに続けて「我々はこれによって南洋的人間が何ゆえに文化的発展を示さなかったかを理解し得るであろう」と論を進める。南洋の風土は放っておいても豊かな食料を恵んでくれるので、人間はただ自然の懐に抱かれていればよい、だから「南洋は文化を産まなかった。そうして文芸復興期以後のヨーロッパ人に易々として征服され、その奴隷に化したのである」と言うのである。

私がこの本を初めて読んだのは一九七〇年、大学一年生の秋で、岩波書店の単行本初版第三十七刷によるが、久しぶりに開いてみると、この箇所に「本当か？」という鉛筆の書き込みが見つかった。おそらく「南洋は文化を産まなかった」という断定的な口調に率直な疑問を感じたのであろう。「文化」と言っても、ここで著者が想定しているのはあくまで西欧的基準でのそれであって、南洋には南洋なりの文化が存在したはずではないか。これをヨーロッパ諸国によるアジア地域の植民地化の要因とする見方は、あまりにも皮相的かつ一面的ではなかろうか。

じつは私の本にはほかにも何箇所か「？」印が書き込まれており、初読のさい、いささか強引とも思える著者の議論の進め方に懐疑的であったことがうかがえる。ただしその後、関連する何冊かの書物に目を通してみると、『風土』がしばしば個人的な印象を安易に一般化・普遍化し、じゅうぶんな論証を経ることなく主観的な断定に流れているという批判は、少なからぬ論者の共有するところであることがわかった。以下の記述にも同様の箇所がいくつも見られるが、今はとりあえずこのことを留保した上で先を読み進めることにしよう。

第二章第一節の後半は、もっぱらインド文化の考察に充てられている。この国では自然の力の横溢が人間の感情の横溢となって現れるが、その要因はやはり暑熱と湿潤をもって迫ってくる自然を前にした抵抗の断念であり、受容と忍従の姿勢である。この基本的な命題を確認した上で、著者はかなりの紙数を割いて古代の聖典である『リグ・ヴェダ』を詳細に分析し、さらには芸術や哲学にも話を広げていくのだが、細部に立ち入るときりがないので、ここではインド芸術の特徴について述べた次の部分を引いておく。

> インドの彫刻や建築に細部の支配の欠けていること、全体はかかる細部の集合であって、真に統一的な全体となっておらぬこと、従って全体として見とおしのつかぬ、明白さの欠けたものであることは、いかなる強弁も覆い隠し得ない点である。インド美術の魅力は、細部の豊富さによって人を引き回し、酔わせ、その酩酊によって人を神秘的な気分にさそい入れるところにある。

この見立てもまた、著者の主観的判断にすぎないと言ってしまえばそれまでかもしれないが、この文章にはそうした疑念を忘れさせるだけの説得力があって、思わず「そうか」と頷きたくなる。『古寺巡礼』に遺憾なく発揮されていた和辻哲郎の文学的資質が、ここでもその片鱗《へんりん》を見せていると言っていいだろう。

学術的な厳密さの点ではいくつもの疑問符を誘発するものの、『風土』にはこのように、無条件の同意をうながすような洞察もまた随所にちりばめられている。そうした箇所に出会うと、すぐれた書物というのは必ずしも読者を論理的に納得させるものではなく、時には——というより、もしかすると大半の場合は——直観が生み出すある種の勢い、あるいは気合のようなものによって読者を感化するものであると思わずにはいられない。そしてそれはおそらく、和辻の言う「風土」の経験と別のものではないだろう。

というのも、確かに私たちは普通、文章を読んでからしかるのちに感銘を受けるのではないからだ。「そうか」と思った時点で、私たちはすでに自分の外に出て、著者の言葉の中に宿っているのである。『風土』を読むことは、いわばこうして「本当か？」と「そうか」のあいだを揺れ動く経験なのではあるまいか。

沙漠への驚き

続いて第二章第二節では「沙漠型」の風土が論じられる。著者はまずdesertという英語がただの砂の海ではなく、「住むもののない、従って何らの生気のない、荒々しい、極度にいやなところ」を意味することから、それが単なる外的自然ではなく、「人と世界との統一的なかかわり」、すなわち個人的・社会的な二重性格をもつ人間の存在様式を表していることを確認する。そしてその典型的な例として、彼を乗せた船が一九二七年三月半ばに寄港したアラビア半島南端の町、アデンの風景を挙げている。

「人間《じんかん》至るところ青山《せいざん》あり」という成句に見られるように、青々と茂った樹木におおわれている山を「青山」（成句では「骨を埋める場所」の意）というが、そうした山を見慣れた人間（青山的人間）がアデンの町で目にするのは「漢語の「突兀」をそのまま具象化したような、尖った、荒々しい、赤黒い岩山」である（「突兀《とっこつ》」とは山などが高く突き出ている様子を指す）。

そこには青山的人間が「山」から期待し得る一切の生気、活力感、優しさ、清らかさ、爽《さわ》やかさ、壮大さ、親しみ等々は露ほども存せず、ただ異様な、物すごい、暗い感じのみがある。至るところ青山ある風土においては、いかなる岩山もかほどに陰惨な感じを与えはしない。ここにおいて青山的人間は明白に他者を見いだす。単に物理的なる岩山をではなくして、非青山的人間を。従って非青山的なる人と世界とのかかわりを。

一本の草木も生えていない陰惨な岩山の群れをまのあたりにしたとき、青山的人間である和辻は自分とまったく異なる風土に生きる非青山的人間を、そして「非青山的なる人と世界とのかかわり」を見出した。それまで自国以外の土地を知らなかった彼にとって、これは文字通りに「他者の発見」という驚きの経験にほかならない。緑という色彩の存在しないこの風土を規定しているのは、単なる気象上の湿度の低さではなく、まさに人間の存在の仕方としての徹底的な「乾燥」なのである。

この箇所を読むと、私は著者よりも半世紀近く前にこの地を訪れたフランスの詩人のことを思い出さずにはいられない。和辻とはほぼ逆方向の路程をたどってアラビア半島にたどり着いた二十代半ばのこの青年は、現地の耐えがたい環境について次のように家族に書き送っていた。

アデンはひどい岩地で、草一本生えず、おいしい水の一滴もありません。海水を蒸留して飲料にします。暑さは限度を越え、とくに六月と九月の二度の盛暑にはそうです。通気がよくてきわめて涼しい事務所でも、昼夜変わらぬ気温が三五度あります。

（アルチュール・ランボー、一八八〇年八月二十五日付家族宛書簡、中村義和訳〈『ランボー全集』平井啓之・湯浅博雄・中地義和・川那部保明訳、青土社、二〇〇六年〉）

数十年の時を経て、「牧場型」のヨーロッパからやってきたランボーと「モンスーン型」の極東からやってきた和辻哲郎は、想像上のこととは言え「沙漠型」のアデンで出会い、ほぼ同じ光景を目にしたことになる。なかなか興味深い邂逅《かいこう》ではないか。

灼熱《しやくねつ》と乾燥に覆われた荒涼たる沙漠は、常に死の脅威に支配されているがゆえに、そこで暮らす人々は渇きを満たしてくれる草地や泉を求めて自然と向き合ってこれに対抗し、同じ欲求をもつ他の集団と戦うために団結する。「沙漠的人間の構造は右のごとき二重の意味において対抗的・戦闘的である」。ただし自らの属する部族においては全体の意志への忠実さが求められるので、その意味では服従的でありかつ戦闘的であるという二重性が、沙漠的人間の特徴となる。

船はアデンから紅海に入ってスエズに寄港するが、和辻はこの機会を利用して、自動車で沙漠を横切ってカイロまで小旅行をしている。彼によれば、エジプトの風土は雨が少なく乾燥していながら、ナイル河の運ぶ水のおかげで緑豊かで湿潤でもあるという奇妙な二重性をもっている。そのため、人々は沙漠に対抗すると同時に、ナイル河にたいしては従順であるという受動性も有している。これは先に見た部族への忠実さという沙漠的人間の特徴が、エジプトにおいてはナイル河への忠誠という形に置き換わったものとして了解できるだろう。

西欧の陰鬱

次の第三節では、三番目の類型である「牧場型」について述べられている。著者はまず、自分が思い浮かべている「牧場」はドイツ語のWiese（あるいは英語のmeadow）であること、つまり日本語の「牧場」が想起させるような「家畜を囲い置くところ」ではなく、「家畜の飼料たる草を生育せしめる土地であり、さらに一般的には草原である」ことを確認する。そしてヨーロッパの風土は（工場までも含めて）この言葉で言い表すことができるとした上で、その特徴を次のように説明する。

我々の国土から出発して太陽と同じに東から西へ地球を回って行くと、まず初めにモンスーン地域の烈しい「湿潤」を体験し、次いで沙漠地域の徹底的な湿潤の否定すなわち「乾燥」を体験する。しかるにヨーロッパに至ればもはや湿潤でもなければ乾燥でもない。否、湿潤であるとともに乾燥なのである。

明快な整理であり、特に付け加えることはない。著者はこの後、地中海が生物をほとんど生育させない「死の海」あるいは「乾いた海」であるがゆえに、古来「交通路」以上のものではなかったことを指摘して第三節第三項までを終える。

以下、第二章第三節は第四項から第十三項まで、かなりのスペースを割いてヨーロッパの牧場型風土の説明に充てられている。各項の趣旨をかいつまんで記しておこう。

夏の乾燥ゆえに雑草が育たないヨーロッパでは、「草取り」という作業が不要であるため、「農業労働には自然との戦いという契機が欠けている」(第四項)。また大雨が少ないのですさまじい洪水は見られず、風が弱いので樹木の形は規則的である(第五項)。牧場的風土の原点は、空気が乾いて澄みきっているギリシアの徹底的な明るさ、「明朗なる真昼の精神」に求められる(第六項)。こうした明朗さは「人間が従順なる自然への支配を自覚し、自然の支配者として己れ自身の生活を形成し始めたとき」生まれたものであり、農牧生活から武士の生活への転換とポリスの形成が「競闘の精神」をもたらしたことがその始まりであった（第七項）。ゆえに「ギリシア人の出現はギリシア的風土と離すことができない」のであり、このとき市民は労働の必要性から解放されて「観る」立場に立つことができるようになった。ただしそれはすでにあるものをただ目に映すだけでなく、「無限に新しいものを見いだして行くこと」であるから、彼らはおのずから芸術的・知的創造に向かい、必要性や有用性に拘束されない学問を生んだ（第八項）。

いっぽう第二次ポエニ戦争でハンニバル率いるカルタゴに勝利して地中海の独裁者となったローマは、ギリシアの「多様性への努力」とは対照的に「統一への努力」をその特徴とし、各民族の特殊的文化の発展を阻害する結果をもたらした。ポリスごとに管理されていた水の制限体制を打ち破る大規模な水道の建設は、その象徴である（第九項）。またルネサンス期には文化の中心が南欧から西欧へと移動するが、これは古代のギリシア的明朗と近代の西欧の陰鬱との対比に対応している（第十項）。ただしこの対比もあくまで牧場的風土の中での話であって、西欧は南欧に比べてもさらに自然が従順であり、風も雨も量が少なく穏やかであるため、土地は人間によってほぼ完全に征服されている（第十一項）。

「西欧の陰鬱」は日照時間の短さに関係していて、北に行くほど沈鬱の度を増していくが、これは無限の深さへと沈潜する内面の傾向にもつながっている。そしてこの牧場的性格は、音楽、絵画、文学などの諸芸術に反映している（第十二項）。けっきょく文化において歴史性と風土性は切り離せないものであり、人間が自らの存在を自覚して表現しようとするときには、両者の規定を逃れることはできない。ゆえに我々は諸地域の風土的特性を学ぶべきであり、そうすることが沙漠型でも牧場型でもない自らの風土的特性を活《い》かすことにもつながるのである（第十三項）。

以上は私なりに言い換えながらの雑駁《ざっぱく》な要約であり、省略した部分も少なくないが、およその議論の流れは概観できるのではないかと思う。

特殊形態としての日本

さて、ここまでの記述を追ってみると、では日本はどうなのか、という問いが当然浮かんでくるであろう。第三章のタイトルである「モンスーン的風土の特殊形態」が、その端的な答えである。つまり、日本は基本的にモンスーン型に属しているが、その典型ではなく、あくまでも「特殊形態」として理解されるということだ。この章は「一　シナ」、「二　日本」の二節から成るが、前者は割愛して後者のみ読んでみたい。

第二節はさらに二つの項に分かれている。第一項「イ　台風的性格」では、日本が台風のもたらす大雨と冬の大雪という顕著な自然現象によって熱帯的・寒帯的という二重性と季節的・突発的という二重性の両方を有していること、それがモンスーン型の風土を特徴づける受容性と忍従性に、それぞれ他のモンスーン地域には見られない特殊な形態を与えていることが述べられる。そして著者は、闘争において生への強烈な執着を超越する境地（「台風的な忍従性」）をそこに見出し、これをもって日本独自の国民性とする。

そこで日本の人間の特殊な存在の仕方は、豊かに流露する感情が変化においてひそかに持久しつつその持久的変化の各瞬間に突発性を含むこと、及びこの活発なる感情が反抗においてあきらめに沈み、突発的な昂揚の裏に俄然たるあきらめの静かさを蔵すること、において規定せられる。それはしめやかな激情、戦闘的な恬淡である。これが日本の国民的性格にほかならない。

ここに現れている「あきらめ」とか「恬淡」という言葉には、九鬼周造の議論との類似性がうかがえる。九鬼は異性との関係を論じながら、現実への執着を離れた恬淡無碍の心である

「諦め」を「いき」の主要な表徴のひとつとした。和辻は風土との関係においてこの資質を日本人の特徴として提示しているわけだが、両者の発想はいずれも、一見したところ対立するように思われる概念（九鬼においては「媚態」と「諦め」、和辻においては「突発的な昂揚」と「あきらめの静かさ」）の共存に日本人独自の心性を見て取ろうとするものであり、思考様式としては確かに相似形になっている。

じっさい、和辻は続いて「間柄」という自らの視点から日本における男女間の恋愛について言及しているが、ここでも「激情を内に蔵したしめやかな情愛、戦闘的であるとともに恬淡なあきらめを持つ恋愛」といった表現が繰り返されており、九鬼との共通性が確認される。恋愛が目指すのは「距《へだ》てなき結合」であり、それは魂だけでなく肉体の結合を伴うものであるがゆえに、「永遠の欲望が肉体において瞬間に爆発する」。しかしそこで「全然距てなき結合が肉体においては不可能であるとのあきらめ」が生じ、日本的恋愛の型は高い品位を保っているのである――こうした記述は、九鬼による「いき」の定義として読んでもほとんど違和感がない。

和辻の議論はここから「家族」をめぐる考察へと移行して、日本的な「間柄」は、部屋が襖《ふすま》や障子によってしか仕切られていない家屋の構造にそのまま反映しているという方向に展開する。明確に区別されるのは「うち」なる家と「そと」なる世間であり、家屋の内部ではヨーロッパと違って個々の部屋が実質上区切られていないので、まさに「距てなき結合」が実現されているというわけだ。このあたりの分析は説得力豊かで、和辻哲郎の面目躍如といった感じがする。

ただしこの後、話がさらに日本国の歴史へと拡大していくあたりから、著者の論調はにわかにナショナリズム的な色彩を帯びてくる。「家の全体性は決してそのままに国家の全体性ではあり得ない」として「家」と「国家」を混同することを明確に戒めながらも、彼は「家のアナロギーによって国民の全体性を自覚しようとする忠孝一致の主張に充分の歴史的意義を認める」と述べ、ここに日本人の「特殊な存在の仕方」を見ている。そして国民をひとつの宗教的な教団とみなし、古墳時代から大化の改新、鎌倉幕府の樹立、戦国時代を経て明治維新へと至る歴史をたどりながら、祭り事＝政《まつりごと》による統一の変遷を「国民の特殊性とそれにもとづく道徳思想」によって説明しようとするのである。

和辻は戦時中の一九四三年に『尊皇思想とその伝統』を著し、戦後には象徴天皇制を支持して憲法学者の佐々木惣一《そういち》と論争することになるが、以上の記述をたどってみると、『風土』の時点でその萌芽がすでに宿っていたことは否定できない。その意味では、これがしばしば天皇制擁護の書物として批判されてきたことも無理はないのだが、九鬼周造の『「いき」の構造』

のケースと同様、この本をそうしたイデオロギー的枠組みに閉じ込めてしまうことは、スケールの大きな構想に基づく著者の議論を不当に矮小化《わいしょうか》する見方であろう。

家屋の構造とデモクラシー

続いて第三章第二節の第二項「ロ　日本の珍しさ」では、留学を終えて帰国した著者の目にあらためて映った日本文化の特徴が語られる。それは彼がヨーロッパで目にした街並みの風景から引き出されたものだ。

彼の地では道路の両側に大きな建物が立ち並んでいるので、自動車や電車は相対的に小さく感じられ、あくまでも交通のための道具にとどまっている。ところが日本では小さな家屋がひしめき合って並んでいるので、移動手段にすぎないはずの乗り物が不釣り合いに大きくのさばっているように感じられ、人や町を圧迫しているという印象を受ける。これはヨーロッパの住居がそれぞれ独立した空間でありながら共同の建物に組み込まれているのにたいし、日本の住居は一戸ずつ個別のテリトリーを構成しているという違いに由来する。ヨーロッパでは建物の入口から郵便配達夫や書店の小僧が自由に出入りして各室の前まで来ることができるので、廊下は外の往来の延長であり、いわゆる「家」は存在しないとも言えるが、日本はそうではない。

日本には明らかに「家」がある。廊下は全然往来となることなく、また往来は全然廊下となることがない。その関門としての玄関あるいは入り口は、そこで截然と廊下・往来の別、内と外の別を立てている。我々は玄関をはいる時には「脱ぐ」ことを要し、玄関を出るときには「はく」ことを要する。配達夫も小僧もこの関門を入ることはできない。

ここから著者は、日本の家屋の独自性（外部にたいしては塀や垣根で明確なバリアを設けながら、内部では部屋同士を襖や障子で仕切るだけで明確に区切らない）に言い及ぶのだが、この部分は前項の記述とかなり重複しているので繰り返さない。むしろ注目したいのは、こうした相違が公共的な問題への関心の有無に関係していて、それが政治にたいする姿勢にもそのまま反映されているという議論である。

著者によれば、家の中に安住の場を見出す日本人は「家の外」のことについては自分ごととしてとらえないため、公共的な問題には概して無関心である。これにたいしてヨーロッパ人は（城壁で囲まれた都市に見られたように）外部から迫ってくる脅威にたいして共同で戦わざるをえなかったため、公共的なものへの関心が否応《いやおう》なく発達した。そして「デモクラシーは後者において真に可能となる」ので、日本では「政治はただ支配欲に動く人の専門の職業に化した」と断じるのである。

これは一世紀近くも前の言葉とは思えない、現在のわが国についてもそのままあてはまりそうな言葉ではないか。戦後の日本は、少なくとも制度上は民主主義国家ということになっているが、近年、選挙の投票率は恒常的に低迷しているし、世襲政治家のもたらす弊害も目に余る。それが和辻の指摘するように家屋の構造という要因で説明できるかどうかは別として、少なくとも蔓延する無関心が健全なデモクラシーの成熟を阻んできたという認識は、今もなお妥当性を失っていないように思われる。

考え続ける人

さて、以上で私たちは全五章のうち三章までを読んだにすぎないのだが、著者の主要な議論はここまででほぼ出尽くしたのではないかと思う。一応この後の二つの章について触れておくと、「第四章　芸術の風土的性格」は、芸術の諸分野がいかにして地域によって異なる種々の形を生み出してきたのかを、湿潤と乾燥という風土的条件に由来する西洋と東洋の精神構造の差異と関連付けて考察したもの、「第五章　風土学の歴史的考察」は、風土が国民性を規定するという観点から、十八世紀ドイツの歴史哲学者であるヘルデル（通常はヘルダーと表記）を中心に据えつつ、古代ギリシアからフランスのボダン、モンテスキュー等を経てヘーゲルやマルクスに至る「風土学」の系譜を跡付けたもので、いずれもそれぞれに興味深い文章であるが、論点自体はすでに見てきた内容と重なる部分が多いため、詳細は割愛する。

『風土』は高校の「倫理」の教科書にも抜粋が収録されているくらいなので、特に和辻哲郎に関心がない読者でも、どこかでその文章に触れたことのある人は少なくないだろう。だが、この書物はなぜ、日本人の必読書としてそこまで広く、また長く読まれ続けてきたのであろうか。

風土が人間の精神や肉体に多かれ少なかれ影響を与え、土地によって異なる文化を生み出してきたというだけのことなら、けっして目新しい主張というわけではない。それどころか、この種の物言いは下手をすると単純な環境決定論に流れてしまいかねない危うさをはらんでいる。巷《ちまた》にあふれている紋切り型の「国民性」論議は論外としても、和辻の論の進め方が時に不用意な断定や首肯しがたい推論に走る傾向を示していることはすでに確認してきた通りであるし、大方の一致するところでもある。

だが、今回数十年ぶりに全体を読み返してみてあらためて実感できたのは、そうした危うさを抱えながらも、著者の文章が終始張りつめた思考の糸に貫かれているということ、そして

『風土』の魅力はまさに、そうした緊張の持続によって読者を牽引《けんいん》する力にあるということであった。和辻が並外れて該博な知識の持ち主であることは疑いがないが、彼の文章に衒学《げんがく》的なところはかけらもない。古今東西の文献を博引旁証《ぼうしょう》するものの、それらはけっして参照のための参照というわけではなく、すべて彼の考察を駆動するためには欠くべからざる装置なのである。

また、彼の文体の特徴のひとつとして、「第一に……」、「第二に……」といった箇条書きの多用が挙げられるが、これは単に論旨を明確にするための技法というだけでなく、それ自体が彼の思考の粘り強いプロセスを物語る形跡にほかならない。和辻哲郎はその意味で、とにかく「考える人」であった。いや、それだけでなく、次々に言葉を塗り重ねながらひたすら「考え続ける人」であった。

そう思ってみれば、じつのところ彼が展開してみせる論旨に同意するかしないかは問題でないような気がしてくる。私自身、今でも「本当か?」と疑問符をつけたくなるような箇所はいくつもあって、もしかすると同意できない部分のほうが多いような気もするのだが、それでも『風土』を読みなおすことにある種の歓びを覚えることは確かである。なぜなら、私を動かすのは和辻の分析や主張の内容というよりも、けっきょくのところは彼が終始一貫して抱き続けた「尽きることのない思考への欲望」そのものであるからだ。そして読者を「考え続けること」へといざなうこのたぐいまれな力こそが、『風土』をして言葉本来の意味での「教養書」たらしめていると思うのである。

和辻哲郎『風土――人間学的考察』岩波文庫、一九七九年、二〇一〇年第五十一刷改版

第6章 「私たちはどう生きるか」という問いへ

——吉野源三郎『君たちはどう生きるか』を読む

日本少国民文庫

最後にとりあげる吉野源三郎の『君たちはどう生きるか』は、これまでの五冊とはかなり趣を異にしている。何よりもまず、文章が平易で読みやすい。難解な用語はまったくと言っていいほど出てこないので、途中で引っかかることもなく、ものの一時間もあれば最後まで読み通すことができる。

それもそのはずで、これはもともと「日本少国民文庫」の一冊として書かれたものであり、読者として想定されているのはおもに十代前半の少年少女である。「少国民」とは天皇に仕える小さな皇国民の意で、だいたい一九二〇年代に生まれ、戦時中（およそ日中戦争から第二次世界大戦まで）にこの年齢であった世代を指す。彼らは遠からず兵士（あるいは銃後の守りの担い手）となるべく、軍国主義一色の教育を受けていた。文学者では一九二三年生まれの遠藤周作や司馬遼太郎《りょうたろう》、一九二四年生まれの安部公房《こうぼう》、吉行淳之介《じゅんのすけ》、吉本隆明、そして一九二五年生まれの三島由紀夫などがこの年代にあたる。

「日本少国民文庫」は『路傍の石』で知られる作家の山本有三のイニシアティヴで構想された全十六巻から成る読み物シリーズで、国粋主義的傾向が世を席巻していることへの危機感から、次世代の少年少女にはより自由で進歩的なものの考え方を伝えなければならないという理念で編まれたものである。

企画がスタートしたのは一九三四年六月。非合法活動に関与した疑いで当局に目をつけられていた吉野源三郎は当時三十五歳で、獄中生活からようやく解放された後、失業状態であったが、親友の仲介で数年前から山本の知遇を得ていたことから、その編集主任を務めることとなった。出版元は新潮社、第一回の配本は一九三五年十月に出た『心に太陽を持て』（山本有三編訳）で、最終回の配本が一九三七年八月十日刊の『君たちはどう生きるか』である。この巻も初めは山本が担当する予定だったが、眼底出血に見舞われて新しい作品を手がけることが不可能となったため、吉野に執筆が託されたという経緯がある。

吉野源三郎はシリーズの完結後まもなく、岩波書店に入社した。一九三八年には新書のパイオニアである岩波新書を創刊、戦後の一九四六年には雑誌「世界」を創刊して初代の編集長となり、その後も長く反戦・平和主義の論陣を張ってきた筋金入りの言論人であるから、これまでの五人と違って、哲学者・思想家というよりは編集者・ジャーナリストという肩書がふさわしい。『君たちはどう生きるか』は彼の最初の著作ということになるが、その後の執筆活動から見れば明らかに異色の一編である。

この本が広く世に知られるようになったのは、なんといっても同書を原作として二〇一七年に出版された羽賀翔一の漫画（マガジンハウス）が二百万部を超えるベストセラーになったこと、そして二〇二三年に宮崎駿《はやお》が同じタイトルのアニメーション映画を公開したことが要因として大きいだろう。ただし、前者は原作の重要な登場人物である「かつ子さん」がカットされるなどの大きな改変が施されており、後者はこの本が主人公と母親をつなぐディテールとして出てはくるものの、ストーリー自体は原作と無関係である（なお、『君たちはどう生きるか』は一九六〇年に映画化されていて、こちらはかなり原作に忠実な教育映画のようだ）。

この作品は、戦後の一九五六年には初版の刊行元である新潮社が、一九六七年にはポプラ社がそれぞれ再刊しており、このときには初版本のかなりの箇所が削除されたり変更されたりしている。いずれも（多くは出版社側の意向を受けてではあれ）作者自身の手で加えられた修正なので、こちらの版を尊重すべきという判断もありえようが、書かれた当時の社会背景を考慮すれば、時代の変化に伴う字体や仮名遣いの変更は別にして、やはり読むべきテクストは一九三七年版ということになるだろう。

この書物に関しては、人間としての基本的なあり方や反戦思想を子どもにもわかりやすく説いた名著として称揚する人がいる一方、内容そのものに疑問を呈したり異議を唱えたりする論者も少なくない。以下では両者の立場を念頭に置きながら、私自身が覚えた違和感や率直な疑問も含めて述べていこう。

複数の「自分」に出会う

この作品は「まえがき」と全十章から成る。

「まえがき」では、主人公のコペル君（本名は本田潤一）と、その友人関係や家族関係が簡潔に紹介されている。コペル君は成績優秀ではあるがいたずら好きな中学二年生で、現在十五歳（これはたぶん数え年で、満年齢でいえば十四歳）、まさに少国民世代である。父親は二年前に亡くなっており、その代わりに母親の弟である「叔父さん」が重要な役割を担う人物として登場する。大学を卒業したての法学士である彼は、まだ若いながらも主人公にとっては成熟した大人のメンター役であり、いくつかの章ではエピソードが終わった後、彼がコペル君に宛ててノートブックに書いたメモが出てきて、各章の総括となっている。

物語全体は、主人公がまだ一年生であった前年の秋から翌年の春にかけて、学校の内外で起こった一連のできごとを軸として進行する。まず「一、へんな経験」で描かれるのは、主人公と叔父さんが銀座のデパートの屋上から通りを見下ろす場面だ。その日は霧雨で、東京の街並みは荒涼とした海のように眼下に広がっている。路上を行き交う自動車の群れや立ち並ぶ家々の屋根を眺めているうちに、コペル君は不思議な感覚に襲われた。いま自分が見ている無数の屋根の下には何十万という人間が生きている、そしてひとりひとりの人間は、いわば水の分子みたいなものなのだ……。

この感想を聞いた叔父さんがノートに記したメモは「ものの見方について」というタイトルで、およそ次のような内容である。人間が広い世界の中では分子みたいなものだと君が思ったのは、とても大きな発見だ。昔、コペルニクスという人は天動説にたいして地動説を唱え、人間が世界の中心であるという考え方をひっくり返した。「人間がとかく自分を中心として、ものごとを考えたり、判断するという性質は、大人の間にもまだまだ根深く残っている。〔……〕だから、今日、君がしみじみと、自分を広い広い世の中の一分子だと感じたということは、ほんとうに大きなことだと、僕は思う」。

というわけで、主人公がなぜ「コペル君」と呼ばれているかもここで明らかになる。要約してしまうとこれだけの話なのだが、ここでは叔父さんのメモでは必ずしもじゅうぶんに展開されているとは言えない点を補足しておきたい。

コペル君が屋上から街を見下ろしながら感じたのは、路上を歩いている人間が水の分子みたいなものだということだけではなかった。彼は同時に、自分がこうして見下ろしている人間がそのことにまったく気づかないのと同じく、自分が街を歩いているときにも、気づかぬうちに誰かが見ていたのかもしれないと思い至るのだ。「どこか自分の知らないところで、じっと自分を見ている眼」の発見である。

> コペル君は妙な気持でした。見ている自分、見られている自分、それに気がついている自分、自分で自分を遠く眺めている自分、いろいろな自分が、コペル君の心の中で重なりあって、コペル君は、ふうっと目まいに似たものを感じました。コペル君の胸の中で、波のようなものが揺れて来ました。いや、コペル君自身が、何かに揺られているような気持でした。

この一節には、かなり重要なテーマがこめられている。「見ている自分」だけなら主観の内部にとどまった事象だが、「見られている自分」には客観的な他者の視線が入り込んでおり、主人公の意識はこの瞬間、和辻哲郎なら「間柄」と言ったであろう相互的な関係性へと開かれている。そればかりか、コペル君はさらに視点を多様化して「それに気がついている自分」の存在にも気がついているし、もっと距離を置いて「自分で自分を遠く眺めている自分」の存在も意識しているのだから、いわば二重三重に自己相対化の作業をおこなっていることになる。「自分」というものが「僕」だけではなく、じつは相手から見れば「君」であり、他人から見れば「彼」でもあるという認識、そしていつのまにか自分が自分から遠ざかって自分ではなくなってしまうような、漠然とした不安――それは「妙な気持」とか「目まいに似たもの」、あるいは子どもの語彙では章のタイトルのように「へんな経験」としか言いようのないものであろうが、要するに主観と客観の境界線が曖昧にぼやけて溶け出すような感覚であり、誰もが成長の過程で一度は経験する自己同一性の揺らぎにほかならない。引用箇所にある「波のようなもの」という表現は、この浮遊感を的確に表している。「自分」がじつは単数ではなく複数であるという発見は、コペル君にとっては文字通りにコペルニクス的転回だったわけだ。

アブラゲ事件の顚末《てんまつ》

「二、勇ましき友」には、中学校の友人が何人か登場する。主要な顔ぶれは、小柄だが頑健でものをはっきり言う北見君、裕福な家庭で育った上品な水谷君、そして豆腐屋の息子の浦川君の三人だ。この学校の生徒は「有名な実業家や役人や、大学教授、医者、弁護士などの子供たち」が多数を占めており、北見君の父親は予備役の陸軍大佐、水谷君の父親はいくつもの肩書をもつ財界の有力者で、コペル君の亡き父親も大銀行の重役であった。しかし浦川君だけはその中で例外的に、庶民階級の出身という設定になっている。

物語は浦川君が同級生の山口（悪役である彼の名前には「君」がついていない）を中心とした連中から「アブラゲ」という仇名《あだな》をつけられていじめにあい、義憤に駆られた北見君が山口に殴りかかって組み伏せるが、最後は浦川君自身が止めに入るという筋書きで展開する。ここからいくつかの教訓を引き出すことはたやすい。身なりや育ちで人を差別してはいけない、弱い者いじめをしてはいけない、困っている人がいたら勇気をもって助けるべきである――どれも至極ありふれたモラルである。

では、この騒動に際してコペル君自身はどのような行動をとったのか。そもそもこの事件は、クラス会の出演者を選出する投票がおこなわれたさいに起きた。山口の仲間の誰かから「アブラゲに演説させろ」という「電信」（伝言の紙切れ）が回ってきたのだが、それが浦川君を指していて、彼に恥をかかせようとする意図であることを即座に察しながら、主人公は「ちょっと見ただけで、すぐその電信を次にまわして」しまう。悪だくみに協力するつもりはなかったが、あえて回覧そのものを止めようともしなかったのである。

この電信が浦川君自身の手に渡り、山口一派に笑われてそれが自分のことであることに気づいた彼が真っ赤になったときも、立ち上がって抗議したのは北見君であり、コペル君ではなかった。そして北見君と山口が取っ組み合いの喧嘩《けんか》を始めた後、主人公は人だかりをかきわけて二人に近づきはしたものの、けっきょく止めに入ったのは先述の通り、浦川君本人だったのである。

この経緯は、やがて「六、雪の日の出来事」で語られるエピソードの伏線になっているのだが、それはそれとして、ここで違和感を覚えずにいられないのは叔父さんのノートである。今回の書き出しは次の通り。

昨日、君が興奮して話してくれた「油揚《あぶらげ》事件」は、僕《ぼく》にもたいへん面白《おもしろ》かった。君が、北見君の肩をもち、浦川君に同情しているのを聞いて、あたりまえなことだけど、僕はやっぱりうれしかった。まあ、かりに君が山口君の仲間《なかま》で、叱《しか》られて出て来た山口君といっしょに、コソコソと運動場《うんどうば》の隅《すみ》に逃げていったのだとして見たまえ。お母さんや僕は、どんなにやり切れないか知れやしない。

コペル君が山口一派の側に立って浦川君をからかったりせず、「北見君の肩をもち、浦川君に同情している」からうれしかったというのだが、積極的にいじめに加担しないまでも、「電信」にこめられた悪意を察知しながら黙認したり、北見君の勇敢な行動を遠巻きに見ていたりした主人公の態度は、「触らぬ神に祟《たた》りなし」という言葉の通り典型的な傍観者のそれであり、けっして称賛に値するようなものではあるまい。「肩をもつ」とか「同情している」といった言い方は、自分を安全圏に置いて北見君からも浦川君からも距離をとっている（しかも浦川君にたいしては無意識に上から見下ろしている）コペル君のスタンスをはからずも言い当てているように思うのだが、賢明であるはずの叔父さんの文章にそれを戒めるような調子がまったくうかがえないのは不思議である。

叔父さんはこの後、コペル君の亡父が常々、息子には立派な人間になってもらいたいと語っていたこと、そして主人公の母親（叔父さんから見れば姉）も自分自身もそう思っているということを何度も繰り返すのだが、どういう人間が「立派な人間」と言えるのかについては明確な説明がほとんどない。その代わりに彼が力説するのは、世の中には言葉では説明できず、直接経験して初めてわかることがたくさんある、だから自分が心を動かされたことの意味を自分で考えていかなければならない、ということなのである（「真実の経験について」という今回のノートのタイトルもこの点に由来するのであろう）。それならば、北見君や浦川君の行動を第三者的な立場から見てただ感動するだけでなく、彼らのように振舞えなかった自分を恥じることから「立派な人間」への第一歩が始まるのであると説いてみせるほうが、よほど説得力があるのではなかろうか。

「人間らしい関係」とは

「三、ニュートンの林檎《りんご》と粉ミルク」では、コペル君の家に北見君と水谷君が遊びに来た日のことが語られる。三人で早慶戦の真似などしてさんざん遊んだ後、夕方になって叔父さんが訪ねてきた。一緒に夕食を済ませて帰る道すがら、彼はニュートンが林檎の落ちてくるのを見て万有引力を発見したという有名な逸話について、理学部の友人から聞いた話を紹介する。それによれば、ニュートンは頭の中で、林檎が落ちてくる高さを数メートルから十メートル、百メートル、千メートルと次第に伸ばしていき、ついに月の高さまで達したらどうなるかと考えた末に、地球の重力と天体同士の引力が同じ性質のものであることに気がついたのではないかという。

この話からヒントを得たコペル君は、それから五日後、自分もひとつの発見をしたと、叔父さんに手紙で報告する。彼は赤ん坊の頃、オーストラリアの牛から作られた粉ミルクを飲んでいたのだが、それが自分の口に入るまでの過程を考えてみると、じつにたくさんの人があいだに入って仕事をしていて、互いに面識もないままひとつの連関でつながっていることに気づいた。このことは粉ミルク以外のことについてもあてはまるので、自分はそれを「人間分子の関係、網目《あみめ》の法則」と名付けた、というのである。

叔父さんはこの手紙を読み、自分の頭で考えてこの発見に達したのはすばらしいと称賛した上で、君が見出した「人間分子の関係」というのは、じつは学者たちが「生産関係」と呼んでいるものなのだと、例のノートに書き記す。

この箇所に関して政治学者の丸山眞男が、一九八一年五月に亡くなった吉野源三郎への追悼文の中で「これはまさしく「資本論入門」ではないか」と述べたことは、よく知られている。確かに粉ミルクというきわめて具体的・個別的な対象を素材にして、生産関係という抽象的・普遍的テーマへと「少国民」読者を導入するという手法は、いかにもマルクスを耽読《たんどく》していた作者ならではのものであり、啓蒙家《けいもうか》・吉野源三郎の面目躍如といったところだろう。

ただし、人間ひとりひとりの個性や人格を捨象して巨大な生産連関構造の一要素としてとらえる見方には、反発を覚える向きもあるようだ。この点については、叔父さんのノートに記されている次の言葉に一応の答えがある。

君が発見した「人間分子の関係」は、この言葉のあらわしているように、まだ物質の分子と分子との関係のようなもので、人間らしい人間関係にはなっていない。だが、コペル君、人間は、いうまでもなく、人間らしくなくっちゃあいけない。人間が人間らしくない関係の中にいるなんて、残念なことなんだ。たとえ「赤の他人」の間にだって、ちゃんと人間らしい関係を打ちたててゆくのが本当だ。

この通り、叔父さんはけっして人間を単なる鎖の輪として見ているわけではない。とはいえ、それでは「本当に人間らしい関係」とはいったいどういう関係なのかというと、必ずしも明快な説明は見当たらないようだ。

彼は典型的な例として母親の子どもにたいする愛情を引き合いに出すのだが、この説明の仕方には落とし穴があるように思われる。というのも、見返りを求めない無償の愛情に「人間らしさ」の理想型を見るという考え方は、そのまま生産関係に適用されてしまうと、あらゆる行為は利害得失を度外視したものでなければならないと拡大解釈されて、対価を伴わない労働の搾取を正当化しかねない危険をはらんでいるからだ。その点で、右の引用に見られる叔父さんの総括は「人間らしさ」の定義を曖昧にしたまま、安易なヒューマニズムに流れている印象をまぬがれない。

生産は消費より尊いものか

「四、貧しき友」では、浦川君が数日続けて欠席したので、心配になったコペル君が彼の家である豆腐屋を訪ねていく様子が語られる。行ってみると、浦川君は病気ではなく、店員が風邪で寝込み、父親は金策のために山形県に出かけているため、人手が足りなくて店の手伝いをしていたのであった。自分と違って貧しい生活をしている友人の暮らしぶりを垣間見《かいまみ》た主人公が、その経験を叔父さんに話して聞かせると、叔父さんは「人間であるからには——貧乏ということについて——」と題して、長文のノートを書き記す。

貧富の差についての議論はありふれた内容なので省略するとして、ここでは二人の少年の違いを「生産と消費」という観点から説明している部分に注目したい。浦川君はすでに労働に携わり、生産する側の人間に属しているが、コペル君はまだ消費するだけの生活をしている。「君は使う一方で、まだなんにも作り出してはいない。毎日三度の食事、お菓子、勉強に使う鉛筆、インキ、ペン、紙類、——まだ中学生の君だけれど、毎日、ずいぶんたくさんのものを消費して生きている」。
　もちろん、ここに列挙されているような食物や物品は浦川君も消費しているわけだから、「まるきり消費しないで生産ばかりしているなんて人はない」と叔父さんは続けている。そもそも生産とは消費のためになされる行為なので、消費それ自体は非難されるべきことがらではない。

　しかし、自分が消費するものよりも、もっと多くのものを生産して世の中に送り出している人と、何も生産しないで、ただ消費ばかりしている人間と、どっちが立派な人間か、どっちが大切な人間か、——こう尋ねて見たら、それは問題にならないじゃあないか。生み出してくれる人がなかったら、それを味わったり、楽しんだりして消費することは出来やしない。生み出す働きこそ、人間を人間らしくしてくれるのだ。これは、何も、食物とか衣服とかという品物ばかりのことではない。学問の世界だって、芸術の世界だって、生み出してゆく人は、それを受取る人々より、はるかに肝心な人なんだ。

さっと読み流してしまえばなんとなく頷いてしまいそうな理屈であるが、私はこの箇所にも違和感を覚えずにいられなかった。ここには生産と消費を二項対立的にとらえた上で、明らかに前者を後者よりも尊しとする思想がうかがえるが、両者は本当にそこまではっきり対立する営為なのだろうか。生産する人がいなかったら消費することはできないというが、逆に消費する人がいなかったら生産する行為も成り立たないのではないか。

また、叔父さんが挙げている「消費」の例はおもに生活を便利にしたり豊かにしたりするためのものであるが、たとえば浦川君の家では豆腐を作るために大量の水を使うだろうし、油揚を作るためには鍋一杯の油を熱して相当の火力を消費するだろう。当然ながら、家族や店員の体力も少なからず消費されるはずだ。もちろん商売である以上、売り上げのほうがコストを上回るのが前提であろうが、それにしても生産行為は消費行為と表裏一体の関係にあって、明確に分離することはできない。

逆に私たちがものを食べる行為を考えてみると、それだけ切り離せば純粋な消費行為のように思えるが、栄養の摂取によって生命を維持し体力を増進させるという側面から見れば、立派な生産行為でもある。

このことは、叔父さんがいみじくも付け加えている学問や芸術についても同様だ。一冊の書物を執筆するために百冊の書物を購入する学者もいれば、一枚の絵画を描くために何枚ものキャンバスを使い捨てる画家もいる。経済面から見れば、普通の商売と違って生産物の価値よりも消費されたコストのほうが上回る場合もめずらしくない。しかし買い集められた百冊の書物も描きつぶされた幾枚ものキャンバスも、学者や画家の体内に蓄積されて次の創造の糧となるのであれば、ここでも消費行為は生産行為と一体化していることになる。

要するに、消費を伴わない生産もなければ、生産を伴わない消費もないのであって、叔父さんのように「生産する人と消費する人」をアプリオリに切り分け、「大きな顔をして自動車の中にそりかえり、すばらしい邸《やしき》に住んでいる人々」と「普通世間から見くだされている人々」という紋切り型の人間像を対比的に提示してみせるやり方は、あまりにも単純素朴な善悪二元論に陥っているように思えてならない。

ナポレオン礼賛への違和感

「五、ナポレオンと四人の少年」では、水谷君の家に北見君、浦川君、コペル君の三人が招待されたときのエピソードが語られる。前述した通り水谷君の父親は実業界の有力者で、その家は品川湾を見下ろす広壮な豪邸である。そして彼らの前には新たな登場人物として水谷君の姉、かつ子さんが姿を現す。
かつ子さんは「十七、八の、髪を断髪にした、キリッとした顔立《かおだち》のお嬢さん」で、スポーツ万能の活発な少女という設定である。彼女は少年たちを前にして、敬愛するナポレオンについての長広舌をふるう。曰く、ナポレオンこそは真の英雄である。というのも、一八〇九年のワグラムの戦いの折、彼は戦場を見下ろす小高い丘の上にいて、敵の襲撃にさらされる危険をかえりみずその場を動こうとしなかったのだが、それは敵のコサック軍の勇敢な戦いぶりに感嘆して見とれていたからなのだ。

「本当に偉いと思うわ。——考えてごらんなさい、戦争よ。負けたら、命が危い場合よ。お互いに、相手を倒すか、自分が倒されるか、必死の場合よ。その中で、敵の戦いっぷりをほめるなんて、——敵の勇敢さに見とれるなんて、実際、立派だわ。実際、男らしいわ。」

かつ子さんのナポレオン賛美はこの後もまだ続くが、とにかく恐怖を乗り越えて危険に身を投げ出すことこそが「英雄的精神」であると彼女は固く信じている。それゆえ、一八一四年にナポレオンが連合軍相手に敗北覚悟で無謀な戦いを挑み、結果的に多大の犠牲者を出したことについても、指揮官としての誤った判断を批判するどころか、むしろ感動せずにはいられないと言うのだ。

『君たちはどう生きるか』が刊行されるわずか一か月前、一九三七年七月七日には盧溝橋《ろこうきょう》事件が起こり、これがきっかけとなって日中戦争が勃発している。吉野が脱稿したのはそれより前の同年五月であったから、この事件が直接反映されることはなかったが、日本はまさに戦争に向かって突き進んでいく途上にあった。そうした時代背景を考えれば、反戦・平和主義者である吉野がなぜこのような英雄礼賛の言説を「少国民」向けの物語に組み入れたのか、不思議に思うのが当然だろう。

作者が当局に迎合して軍国主義の宣伝に加担したというのはさすがにありえない解釈だとしても、ほとんど手放しの礼賛と言っていいかつ子さんのナポレオン崇拝は、どう考えても「お国のためには一命を投げ打つことも辞さず」という戦争肯定のイデオロギーを少年たちに鼓吹するものであり、その限りにおいて、作者の思想的立場とは真っ向から相容れないものである。

だが、この点に関する叔父さんのコメントを読むと、疑問は氷解する。「偉大な人間とはどんな人か——ナポレオンの一生について——」と題するノートの中で、彼はまず歴史的な経緯を丁寧に解説しながら、わずか二十年間に凝縮されたナポレオンの活動の目覚ましいスケールの大きさと密度の高さを率直に称賛しており、そこまではかつ子さんと変わるところがない。しかし彼はそこで考察を終えるのではなく、「ナポレオンは、そのすばらしい活動力で、いったい何をなしとげたのか」という問いを提起し、次のように結論づけるのである。

英雄とか偉人とかいわれている人々の中で、本当に尊敬が出来るのは、人類の進歩に役立った人だけだ。そして、彼らの非凡な事業のうち、真に値打のあるものは、ただこの流れに沿って行われた事業だけだ。

引用の通り、この部分はゴシック体になっている。本作品で字体を変えて強調されているのはここだけであるから、作者はこの箇所をよほど目立たせたかったのであろう。つまり叔父さんはナポレオンの勇気や行動力に敬意を表しながらも、彼のなしとげた事業が結果的には人類の進歩に役立つものではなかったと評価しているわけで、正面から否定こそしてはいないが、死をも恐れぬ蛮勇を美化するかのようなかつ子さんの見解にたいして明確なアンチテーゼを提示していることになる。

もちろん、何をもって「人類の進歩」とするのかについてはさまざまな解釈がありうるだろうし、ノートの末尾に記された「人類の進歩と結びつかない英雄的精神も空しいが、英雄的な気魄《きはく》を欠いた善良さも、同じように空しいことが多い」という言葉も、なかなかに含蓄が深くて素通りはできない。しかし少なくとも、本章のエピソードに吉野の反戦思想がソフィスティケートされた形で埋め込まれていること、そしてかつ子さんの過剰なまでのナポレオン賛美がそれを自然に導き出すために必要な仕掛けであったことは、確かであるように思われる。

「男らしく」謝ること

ところでこの章の後半では、柔道部の先輩たちが北見君と山口を殴るつもりであるという噂《うわさ》があることが述べられていた。質実剛健の気風を乱す生意気な下級生を制裁してやろうというわけだ。これを知った少年たちは、浦川君の提案で、もし北見君が呼び出しを受けたら一緒に行って自分たちも殴られようと申し合わせる。そして続く「六、雪の日の出来事」では、これが現実のこととなる。

ある雪の日、雪合戦に興じているうちに、北見君が上級生の作った雪人形にぶつかって崩してしまうという事件が起こった。黒川という親分格の生徒を中心とする上級生集団が彼を取り囲み、激しい口調で吊《つ》るし上げる。一緒にいた水谷君が、友人は故意ではなかったと弁護するが、一向に聞き入れられない。そして黒川の子分のひとりが今にも北見君に殴りかかろうとしたとき、浦川君が飛び出して、必死に止めようとする。彼は突き飛ばされ、北見君は殴られてしまうのだが、なおも襲いかかろうとする上級生から彼を守るべく、水谷君と浦川君はその前に立ちはだかる。二人は前に交わした約束を守ったわけだ。

だが、コペル君は周囲を取り巻く集団の中から飛び出すことができず、「北見の仲間は、みんな出て来いッ。」という黒川の挑発にも応えられないまま、ただ震えながら立ちすくむばかりであった。暴力への恐怖があったとはいえ、例の「アブラゲ」事件のときと同じく、傍観者的態度に終始したのである。

けっきょく彼を除く三人はひとまとまりで上級生集団の制裁を受けることとなり、約束を守れなかったコペル君は、卑怯《ひきょう》な裏切りをしてしまった自責の念と、自分だけ仲間外れになってしまった孤独感とにさいなまれ、帰宅後は発熱して寝込んでしまう。

この章には叔父さんのノートが付されていないので、続けて「七、石段の思い出」に読み進んでみよう。コペル君の容態はかなり重く、半月ばかり学校を休んでしまった。だが、病から恢復してからもなかなか登校する勇気が出てこない。あれこれ悩んだ末に、見舞いに来ていた叔父さんに一部始終を打ち明けて相談すると、すぐ北見君に手紙を書いて謝罪するよう忠告される。相手がそれを受け入れるかどうかは問題ではない、拒絶されても文句は言えない立場なのだから、とにかく謝ることが肝心なのだと、彼は言う。

ここで叔父さんが「男らしく」という言葉を何度となく繰り返していることに注意したい。「なぜ、男らしく、自分のしたことに対し、どこまでも責任を負おうとしないんだい」、「いま君がしなければならないことは、何よりも先に、まず北見君たちに男らしくあやまることだ」、「どんなにつらいことでも、自分のした事から生じた結果なら、男らしく堪え忍ぶ覚悟をしなくっちゃいけないんだよ」、「いま、君としてしなければならないことを、男らしくやってゆくんだ」等々……（以上、強調は引用者）。

現代ならば即座に糾弾されかねない、露骨にジェンダーバイアスのかかったせりふの連続である。もちろん時代を考えれば何の不思議もないことではあるが、先に見たかつ子さんのナポレオン礼賛の言葉の中にも「実際、男らしいわ」という一句が紛れ込んでいたことを思い起こしてみると、「男らしさ」を称揚する軍国主義的イデオロギーは案外、吉野自身の心性にも無意識の価値観として定着していたのかもしれない。

ともあれコペル君は叔父さんの勧めに従って、北見君宛に手紙を出す。その後、母親が女学校時代の思い出話を彼に語って聞かせるのだが、それは湯島天神の裏でひとりの老婦人が重そうな風呂敷包を片手に下げてしんどそうに石段を登っていくのを見かけたとき、手を差し伸べなければと思いながら、けっきょく声をかけられずじまいになってしまったという話であった。要するにコペル君の今回の事件と似たような経験を自分もしたことがあるということで、章のタイトルもここからつけられたものである。

この章に付された叔父さんのノートは「人間の悩みと、過ちと、偉大さとについて」という題で、パスカルの引用から始まり、人間は誰でも過ちを犯して苦しむことがあるが、自分で自分を決定できるのは人間だけであるからこそ誤りから立ち直ることもできるのだ、という趣旨である。

叔父さんのノートが途切れた後に

ここまでのところでだいたい主要な内容は概観してきたので、あとは駆け足で物語を追ってみよう。

「八、凱旋《がいせん》」は、雪人形事件の後日譚《ごじつたん》である。コペル君が手紙を出してから四日目の昼過ぎ、全快して登校再開の日を待っていた彼の家に、北見君、水谷君、浦川君の三人がやってきた。

返事を書く代わりに、直接訪ねることにしたのだという。あらためて詫《わ》びなければと思いながらなかなか言葉が出てこないコペル君にたいして、この前のことについてはまったく気にしていないと彼らは口々に言い、四人は以前通りの関係を取り戻す。

そして訪ねてきた三人は学校でのその後の経緯を報告するのだが、それによれば、水谷家では娘のかつ子さんにたきつけられた著名実業家の父親が、北見家では予備役の陸軍大佐である父親が、そして浦川家では憤慨した母親が、相次いで学校に抗議に訪れた結果、黒川ら二人が停学三日、その他の上級生連中も譴責《けんせき》処分になったという。なるほど、話としては胸のすく結末だが、最後に大人たち（それも有力者を含む）が出てきて一件落着、という展開には抵抗があるという反応も少なくないようで、私自身もそう思う。

子どもの喧嘩に大人が口を出すというのは、現代でもよくあるパターンだが、これでは権力の介入による「お上《かみ》の裁き」と択ぶところがなく、いかにも安手の勧善懲悪物語の大団円になってしまう。「コペル君は、なんだかひと戦争すませて凱旋《がいせん》してゆくような気持でした」というのが本章の結びの一文なのだが、この文脈で「戦争」とか「凱旋」といった（明らかにナポレオン的な）語彙をもちだすのもどうかと思うし、そもそもコペル君自身はこの戦争に参加することなく手をこまねいていたのだから、凱旋気分など味わう資格はないのではなかろうか。

このあたりはぜひ叔父さんのコメントを聞かせてほしいものだが、なぜかこの章以後はノートがついていない。

続く「九、水仙《すいせん》の芽とガンダーラの仏像」では、これまでの経験を通して少し成長し始めたコペル君が、また新たな発見をするエピソードが描かれている。

第一のエピソードは、二年生への進級を間近に控えた春休みのこと、庭の片隅に生えていた草を暖かい場所に植え替えてやろうとして掘り返しているうちに、意外にもその根が二十センチ以上の深さに埋もれていることに気づく話である。姿を現したのは黄水仙の球根だったが、それは「暗い土の中で、少しずつ、少しずつ、休まずにのびて来て、やっとこの頃《ころ》、この地上に顔を出した」ものと思われた。茎のうちのわずか三センチしかない緑色の部分の中にも「のびて来ずにはいられなかった力」がみなぎっている——これだけでも大きな発見である。

だが、眼をあげて見ると、その延びて来ずにいられないものは、楓《かえで》の中にも、八《や》つ手《で》の中にも、どうだんの中にも、——いや、あらゆる草木の中に、いまや一せいに動き出しているのでした。

コペル君は、泥だらけの手を払うことを忘れて、暖かな日光の中に立ちつくしました。

胸が気持よく高まっています。
　延びてゆかずにいられないものは、コペル君のからだの中にも動いているのでした。

春の気配を感じて「延びてゆかずにいられない」草木の力が、これから限りなく成長していこうとする少年の体内に宿る力と呼応して、柔らかい春の日差しの中で一斉に脈動し始める――この描写は作者の文学的感性が遺憾なく発揮された一節であり、おそらく本作品の中でも最も美しい場面と言っていいだろう。
　続いてこの章の後半では、純粋に東洋のものと思われている仏像がじつは二千年ばかり前にインドの西北地方にあったガンダーラでギリシア人によって作られたものであるという話が、第二のエピソードとして叔父さんの口から語られる。これを聞いたコペル君は、途方もない空間的距離を乗り越えて東西の文化が出会い、気の遠くなるような時間の流れに沿って交流し混《こん》淆《こう》しながら現在の自分たちのところまで伝えられてきたという歴史の深みに思いを馳《は》せて、「昼「自分の胸がふくらんで来て、何か大きく揺すられているような気持」を感じる。そして「昼間庭に立って感じた、あの延《の》びてゆかずにいられないものは、何千年の歴史の中にも大きく大きく動いているのでした」という最後の一文に集約されているように、小さな黄水仙と広大な世界の歩みは、同じ構図の中でひとつに結び合わされるのだ。その意味で、この作品はまさに主人公の精神的成長を描く典型的なビルドゥングスロマン（教養小説、人間形成小説）なのである。

熱い欲望を揺り動かす最後の問い

最終章の「十、春の朝」では、コペル君が叔父さんに宛てて、自分が考えたことをノートに書き始める。その内容を簡単に言ってしまえば、自分は父親の言っていたように立派な人間になりたい、すべての人がよい友だちでいられる世の中を作るために役立つ人間になりたい、というもので、ありきたりといえばありきたりの決意宣言にすぎないのだが、肝心なのは彼がここで「読む人」から「書く人」へと確実に変化したということであって、書かれていることがら自体は問題ではない。

そして最後に、語り手は「みなさん」に向けてひとつの問いを投げかける——「君たちは、どう生きるか」。

物語はここで終わりであるが、ではその後のコペル君は「どう生きた」のだろうか。少国民の世代である彼がそのまま成長していったとすれば、やがて徴兵されて戦地に赴いたはずである。成績優秀なコペル君のことゆえ、順調にいけば大学に進学して、一九四三年十月に雨中の明治神宮外苑《がいえん》競技場で挙行された出陣学徒壮行会の行進の中にいたかもしれない。彼は今度こそ本物の戦争に身を投じ、ついに故国に「凱旋」することなく戦死してしまったのだろうか。あるいは無事に生還して叔父さんの期待通り立派な人間になり、戦後は社会のために役立つ人間としての人生をまっとうしたのだろうか。

また、北見君や水谷君、浦川君たちも、やはり戦争に駆り出されたのだろうか。かつ子さんは威勢のいい軍国少女として、お国のために喜んで挺身《ていしん》したのだろうか。そして法学士だった叔父さんは、その後どのような職に就き、どのような運命をたどったのだろうか――想像の尽きないところである。

ところで丸山眞男は先に触れた追悼文の中で、この作品を第一義的に人間の生き方を問うた人生読本であるとしながらも、ここで展開されているのは「人生いかに生くべきか、という倫理だけでなくて、社会科学的認識とは何かという問題」であると述べ、そうした問題と不可分の形で人間のモラルを問うている点にユニークさがあると評していた。また鶴見俊輔《しゅんすけ》（彼は一九二二年生まれで、まさに少国民世代である）はこの本を、「日本人の書いた哲学書として最も独創的なものの一つ」として強く推奨している。

ともすると素朴な啓蒙書とか陳腐な道徳本として片付けられかねないこの作品を、社会科学や哲学といった専門的学知に結びつけて高く評価する彼らの読み方は、いかにも知識人ならではの穿《うが》った解釈という感じがしないでもないが、それはそれとして、私はむしろタイトルにもなっている最後の一文――「君たちはどう生きるか」というナイーヴでストレートな問いかけ――が、いつの時代にも変わらぬ新鮮な訴求力をもって読者に迫ってくるという、単純ながらも否みがたい事実にあらためて注目したい。

「人生いかに生くべきか」とは、誰もが青春時代に一度は必ず直面する問いである。しかし自問自答することの息苦しさゆえに、また日々の生活の慌ただしさゆえに、私たちの多くは年を経るにつれてこの問題と正面から向き合うことをやめ、いつしか胸の奥に封じ込めてしまう。「君たちはどう生きるか」というフレーズは、主語の不明確なこの非人称的な問いを対話の地平へと開き、長いあいだ眠り込んでいた私たちの倫理感覚を目覚めさせる。そしてそれは即座に「私たちはどう生きるか」という一人称の問いへと形を変えて、すっかり錆《さ》びついていた思考の歯車を起動させる。

思えば西田幾多郎の『善の研究』も阿部次郎の『三太郎の日記』も、終始一貫してこうした問題意識に貫かれていたし、倉田百三の『愛と認識との出発』などはまさに、人生の意味を正面から問いなおす苦闘の記録であった。九鬼周造の『「いき」の構造』や和辻哲郎の『風土』は、人生論というよりもむしろ特定的な主題をめぐる哲学的考察であったが、それらにしてもやはり、深いところでは私たち自身の生き方そのものを問うことにつながっていた。人間はやはり、究極的には「私たちはどう生きるか」を考えずにはいられない存在なのだ。
吉野源三郎が若い読者たちに向けて発した最後の問いは、他の五冊の書物とも共鳴しながら、私たちの内でまどろんでいた「考えること」への熱い欲望を揺り動かす。そして私たちはこのとき、年齢にかかわらず、それまでの人生がこの覚醒の瞬間の訪れを受け入れるための準備期間にほかならなかったことを理解するのである。

吉野源三郎『君たちはどう生きるか』岩波文庫、一九八二年

あとがき

私事にわたって恐縮だが、官僚だった私の父親は、まったくと言っていいほど本というものを読まない人だった。少なくとも物心ついて以来、父親が書物を手にしているのを見たことは一度もない。

しかしある日のこと、まだ小学生だった私は家の慎ましい書架の一角に、他とはやや異質な空気を醸し出している古めかしい書籍が二冊あることにふと気がついた。タイトルは一冊が『善の研究』、もう一冊が『愛と認識との出発』で、著者は前者が西田幾多郎、後者が倉田百三とある。どちらもそれほど分厚い本ではなかったので、なんとなく手に取って開いてみたが、当然ながら何が書いてあるのかはさっぱりわからない。

後で母親から聞いてわかったのは、それらは父親が学生時代（一九三〇年代の終わりから四〇年代の初め頃）に買って所持していた数少ない本だったということ、そして当時の大学生にとっては、誰もが読んでいなくては恥ずかしいとされる文字通りの必読書であったということである。およそ哲学や思想に興味があったとは思えない一学生でさえこれらの本を読んでいた（あるいは少なくとも、読まなければいけないと思って購入していた）時代があったことに、私はある種の感慨を覚えずにはいられなかった。

やがて大学生になった私は、ある日ふと思い立って、ほとんどページがばらばらになりかけていた『善の研究』を書架の片隅からとり出し、初めて通読してみた。晦渋な文章は相変わらずほとんど理解できなかったが、それでも色褪せた紙面からたちのぼる黴臭《かびくさ》い匂いを吸い込んで、ああ、これが戦前の若者たちが嗅いでいた「教養」の香りなのだと実感したことは、今でも鮮明に覚えている。

昨今、教養という言葉はあちこちで目にするようになった。けれどもそれがしばしば単なる幅広い知識と同一視されていることには、かねてから強い違和感を覚えずにいられなかった。もちろん、いろいろなことを知っていること自体はけっして悪いことではない。だが、単なる情報だけならネットで検索すればいくらでも調べることができる。無機質な知識の貯蔵庫としての役割は、それこそＡＩに任せておけばいい。教養とは本来、もっと有機的で、感覚的で、身体的なものであるはずだ。その意味で、本書でとりあげた六冊の書物に共通しているのは情報化されることにたいして徹底的に抗《あらが》う言葉たちのなまなましい息遣いであり、文字通りの

「身体性」であったような気がする。

知識を学習し、自分の頭の中にひたすらためこむことが教養とされる時代は、すでに終わりを告げた。それよりも重要なのは、他者が紡ぎ出してきた言葉と正面から向き合い、そこから発散する熱気を全身で受けとめて自らの「血肉と化す」ことではないか。そしてそのためには、かつて「教養書」とされていた書物たちともう一度本気で対話してみることが必要なのではないか——本書はそんな思いから執筆したものである。

「はじめに」にも記した通り、どの著作についても数多くの論者がすでに膨大な注釈と解釈の蓄積を残している。だから一介の素人読者にすぎない私が、そこに何か新しい見解を付け加える余地などあろうはずもない。また、専門家の目から見ればいろいろ不十分な点があるにちがいないし、浅学ゆえの単純な間違いもありうるだろう。各位のご叱正を待つ次第である。

しかし若い頃に読んでほとんど理解できなかった何冊かの書物を読みなおす経験は、思考することの新鮮な快楽を久しぶりによみがえらせてくれた。その意味で本書はいわば、半世紀遅れで綴った私的な青春読書ノートのようなものである。読者には、ここでとりあげられている教養書をそれぞれの関心に応じて一冊でも手に取り、何かを考えるきっかけとしていただければそれでじゅうぶんだし、本書がそのささやかな道標《みちしるべ》となることができれば、著者としてこれにまさる喜びはない。

執筆にあたっては、集英社新書編集部の吉田隆之介さんから数々の貴重なご指摘やご提案をいただいた。本書が少しでも読みやすいものになっているとすれば、ひとえに吉田さんのおかげである。ここに記して感謝申し上げたい。

二〇二四年五月

石井洋二郎

石井洋二郎（いしい ようじろう）

東京大学名誉教授、中部大学名誉教授。一九五一（昭和二六）年東京都生まれ。専門はフランス文学・思想。東京大学教養学部長、同理事・副学長などを務める。『ロートレアモン　越境と創造』『時代を「写した」男　ナダール』『ブルデュー『ディスタンクシオン』講義』『フランス的思考』『東京大学の式辞』など著書多数。

教養《きょうよう》の鍛錬《たんれん》　日本《にほん》の名著《めいちょ》を読《よ》みなおす

二〇二四年七月二二日　第一刷発行

集英社新書一二二三C

著者……石井洋二郎《いしいようじろう》

発行者……樋口尚也

発行所……株式会社集英社

東京都千代田区一ッ橋二-五-一〇　郵便番号一〇一-八〇五〇

電話　〇三-三二三〇-六三九一（編集部）

〇三-三二三〇-六〇八〇（読者係）

〇三-三二三〇-六三九三（販売部）書店専用

装幀……原　研哉

印刷所……TOPPAN株式会社

製本所……ナショナル製本協同組合

定価はカバーに表示してあります。

ISBN 978-4-08-721323-2 C0236

Printed in Japan

a pilot of wisdom